WAS IST WAS BAND 6 · Die Sterne

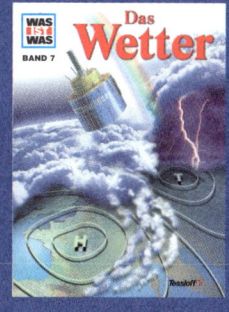
WAS IST WAS BAND 7 · Das Wetter

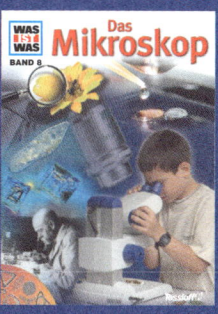
WAS IST WAS BAND 8 · Das Mikroskop

WAS IST WAS BAND 9 · Der Urmensch

WAS IST WAS BAND 10 · Fliegerei und Luftfahrt

WAS IST WAS BAND 11 · Hunde

WAS IST WAS BAND 19 · Bienen, Wespen und Ameisen

WAS IST WAS BAND 20 · Reptilien und Amphibien

WAS IST WAS BAND 21 · Der Mond

WAS IST WAS BAND 22 · Die Zeit

WAS IST WAS BAND 24 · Elektrizität

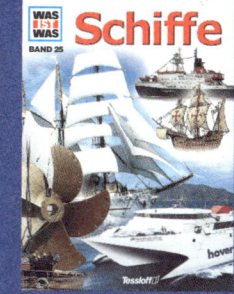
WAS IST WAS BAND 25 · Schiffe

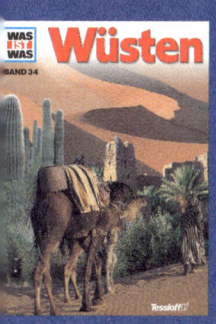
WAS IST WAS BAND 34 · Wüsten

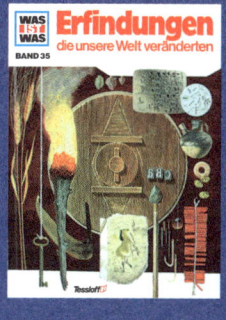
WAS IST WAS BAND 35 · Erfindungen die unsere Welt veränderten

WAS IST WAS BAND 36 · Polargebiete

WAS IST WAS BAND 37 · Computer und Roboter

WAS IST WAS BAND 38 · Säugetiere der Vorzeit

WAS IST WAS BAND 39 · Magnetismus

WAS IST WAS BAND 46 · Mechanik

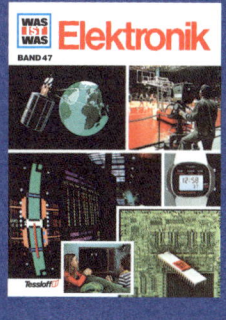
WAS IST WAS BAND 47 · Elektronik

WAS IST WAS BAND 48 · Luft und Wasser

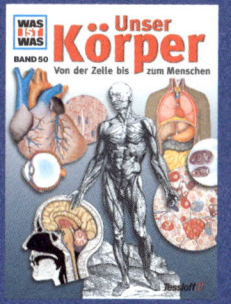
WAS IST WAS BAND 50 · Unser Körper Von der Zelle bis zum Menschen

WAS IST WAS BAND 52 · Briefmarken

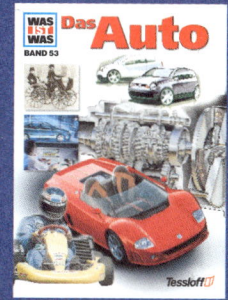
WAS IST WAS BAND 53 · Das Auto

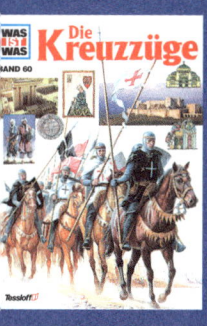
WAS IST WAS BAND 60 · Die Kreuzzüge

WAS IST WAS BAND 61 · Pyramiden

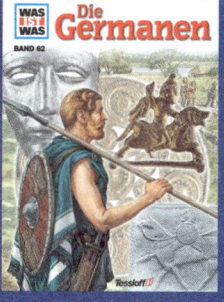
WAS IST WAS BAND 62 · Die Germanen

WAS IST WAS BAND 64 · Die alten Griechen

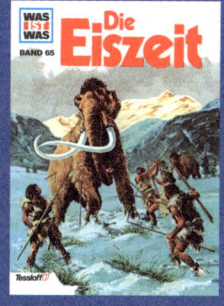
WAS IST WAS BAND 65 · Die Eiszeit

WAS IST WAS BAND 66 · Berühmte Ärzte

WAS IST WAS BAND 73 · Spinnen

WAS IST WAS BAND 74 · Naturkatastrophen

WAS IST WAS BAND 75 · Fahnen und Flaggen

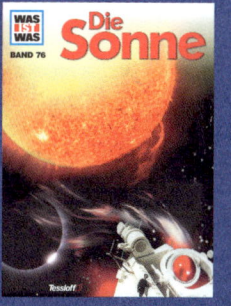
WAS IST WAS BAND 76 · Die Sonne

WAS IST WAS BAND 77 · Tierwanderungen

Weitere Titel siehe letzte Seite.

Ein **WAS IST WAS** Buch

Tierwanderungen

Von Vitus B. Dröscher

Illustriert von Manfred Tophoven

Tessloff Verlag

Vorwort

Es gibt Vogelarten, die in der Arktis nisten und in der Antarktis überwintern, wobei sie auf der jährlichen Wanderung eine Rundreise von mehr als 20000 Kilometern unternehmen. Von manchen Walarten weiß man, dass sie ihr Futter in polnahen Meeren suchen, aber in tropischen Gewässern ihre Jungen zur Welt bringen. Die kleinen Wanderregenpfeifer fliegen fast 4000 Kilometer weit im Nonstopflug übers offene Meer.

Was veranlasst die Tiere zu solchen Wanderungen? Wohin ziehen sie? Welche Straßen benutzen sie zu Lande, zu Wasser und in der Luft? Wie orientieren sie sich über Tausende von Kilometern?

In den ersten Kapiteln werden die Wanderzüge von Vögeln, Säugetieren, Fischen, Reptilien, Amphibien und Insekten beschrieben. Aus Karten wird ersichtlich, wohin die Tiere zwischen Sommer- und Winterquartier wandern.

Weitere Kapitel beschäftigen sich mit den Kräften, die das Zugverhalten regieren. Dabei werden auch Wanderzeiten und Reisegeschwindigkeiten sowie die vielen Gefahren der Wanderzüge angesprochen.

Die Frage, welcher Orientierungshilfen sich die verschiedenen Tiere bedienen, wird nach dem neuesten Stand der Forschung beantwortet. Neben der Orientierung an geografischen Gegebenheiten wie Gebirgen oder Küstenlinien sind auch erstaunliche Fähigkeiten der Orientierung nach Sonne, Mond oder Sternbildern unterstützt durch eine „innere Uhr", nachgewiesen. Auch die Techniken, mit denen Tierforscher den wandernden Tieren auf der Spur bleiben, werden behandelt.

Der Autor Vitus B. Dröscher macht das vielseitige Thema der Tierwanderungen zu einem fesselnden Stoff für junge Leser.

WAS IST WAS

BAND 77

Dieses Buch ist auf chlorfrei gebleichtem Papier gedruckt.

BILDQUELLENNACHWEIS:

FOTOS: Archiv des Autors: S. 8 (Wanderregenpfeifer) 16ml; Archiv Tessloff Verlag, Nürnberg: S. 1, 2/3, 4u, 5 (3); 8u (Storch/Küstenseeschwalbe/Rauchschwalbe, Flamingo), 11 (3), 12ol, 13 (2), 14m, 16or, 17u, 19u, 20ol, 21 (2), 22 (2), 23u (Dachs), 24/25u, 25o (Schilder), 26/27u, 27m, 28or, 29o, 30mr, 31ur, 32o (4), 33ur, , 33or, 35m, 36u (2), 36/37o, 37 (2), 38o, 39u (2), 40 (2), 41 (2), 42 (2), 43ur, 45ol, 46 (2), 47; Mike Danzenbaker, USA: S. 9u (Millionensturmtaucher); Focus, Hamburg: S. 6om (Ameisen), 6or (Ameisen), 31or, 38u; Juniors Tierbildarchiv, Ruhpolding: S. 4or, 6um, 7or, 9u (Wanderalbatros), 12or, 31l (2); Picture Alliance, Frankfurt: S. 7ur, 9u (Steinschmätzer/Knutt), 18/19u, 19o (2), 48; Visum, Hamburg: S. 17ml; Vogelwarte Helgoland, Wilhelmshaven: S. 34ur; Vogelwarte Radolfzell, Radolfzell: S. 34ul, 35o (3); Wildlife, Hamburg: S. 14ul, 15o, 18ul, 20or (2), 23or, 23ul (Pass), 24mr, 24u, 25o (4), 25ur, 27or, 28o (Glasaal), 29u, 30u, 33 (2), 34mr, 35ul, 45ur; www.nabu.de: S. 10ol, 14r, 24ml;

UMSCHLAGFOTOS: Archiv Tessloff Verlag, Nürnberg: (4), Wildlife, Hamburg: (Kröte)

ILLUSTRATIONEN: Manfred Tophoven, Straelen

GESTALTUNG: Johannes Blendinger, Nürnberg

ISBN 3-7886-0417-4

Inhalt

TIERWANDERUNGEN – RÄTSEL UND NOTWENDIGKEIT

Fast jede Tierwanderung ist mit noch immer ungelösten Rätseln verbunden. Auf den ersten Blick haben die Wanderungen meist einen einfachen Grund: bessere Nahrung, Schutz vor Feinden oder günstige Brutbedingungen.

Warum wandern Tiere?

Bei genauerem Hinsehen sind die Einzelheiten jedoch oft höchst mysteriös. Arbeitsgruppen aus Biologen, Physikern, Chemikern, Medizinern und weiteren Wissenschaftlern bemühen sich fieberhaft um die Aufklärung, kommen jedoch auch in Jahrzehnten nur wenige Schritte voran.

Hinflug

Rückflug

Winter-gebiet

Zugroute des Neuntöters

NEUNTÖTER

Fünf Milliarden Vögel ziehen in jedem Herbst nach Afrika. Viele über Spanien und die Meerenge von Gibraltar, um die riskante Mittelmeerpassage zu vermeiden. Nicht so die spanischen Neuntöter, kleine kräftige Singvögel. Statt bequem überzusetzen, um in nahe gelegene afrikanische Überwinterungsgebiete zu gelangen, fliegen sie quer durch Europa, überqueren in langem Nonstopflug das östliche Mittelmeer und erreichen nach riesigem Umweg das südliche Afrika. Es gibt noch viele weitere Vogelarten, die höchst seltsame Wege für ihre Wanderung wählen. Vermutlich folgen sie den Pfaden, auf denen ihre Vorahnen sich ausgebreitet haben. Warum sie aber nicht längst die Abkürzung entdeckten, wird noch erforscht.

PINGUIN-EINZELGÄNGER

Immer wieder treffen Polarforscher auf die Spuren einsam wandernder Pinguine weit im Inland. Sie sind 400 Kilometer oder mehr von jeglicher Nahrung entfernt, haben sich aber nicht verirrt, sondern steuern geradlinig auf ein unklares Ziel zu. Oft erklettern sie dabei steile Bergketten, statt einfach auf dem Flachland zu bleiben. Pinguine können lange Zeit ohne Nahrung auskommen. Daher vermuten die Experten, dass sie auf Entdeckungsreise sind. Gelangt ein einzelner Pinguin in eine fremde Kolonie und paart sich dort, so können seine Kinder neue, vorteilhafte Erbgutkombinationen besitzen und damit ihre Überlebensfähigkeit verbessern.

WÜSTEN-ELEFANTEN

In der Namib, einer südwestafrikanischen Wüste, leben einige Elefanten. Sie überleben nur durch ständige Wanderschaft. Mit unglaublichem Ortsgedächtnis und einem extremen Sinn für entfernt niedergegangene Regenfälle vermögen sie die wenige Nahrung dieser lebensfeindlichen Umgebung zu nutzen. Meist ziehen sie durch wohl bekannte Distrikte, doch nicht selten brechen sie zu weiten Märschen in ungewohnte Gegenden auf. Dabei steuern sie stets andere Wüstengegenden an, niemals den nahe gelegenen, fruchtbaren Etoscha-Nationalpark. Der Grund dafür ist noch unbekannt. Diese Elefanten verkörpern den Nomadentyp der Tierwanderer, der immer so lange an einem Ort bleibt, bis die Verhältnisse zu schlecht werden.

Eselspinguin mit Jungen im Nest

Afrikanische Elefanten

MONARCHFALTER

Das berühmteste Beispiel wandernder Insekten ist der amerikanische Monarchfalter. Oft stehen mehr als 100000 menschliche Zuschauer am Wegesrand, wenn immer größer werdende Schwärme zu Millionen in ihr Wintergebiet ziehen. Aus dem höchsten Norden und vielen anderen Teilen des Kontinents zieht der Falter unter anderem nach Mexiko, aber dort immer in dasselbe kleine Tal. Auf der Fläche eines Fußballfeldes sitzen dann teilweise 14 Millionen Falter wie eine zweite Rinde an den Bäumen. Warum sie stets diesen Platz aufsuchen, ist nach wie vor unbekannt.

Monarchfalter

Einige Meeresbewohner reisen trotz ihrer geringen Schwimmgeschwindigkeit weiter als viele Zugvögel. Wale zählen dazu, aber auch ein Teil der Grünen Meeresschildkröten. Ihre Nahrungsgründe sind über 3000 Kilometer entlang der brasilianischen Küste verstreut. Von dort schwimmen sie eine unglaublich weite Strecke zu einer winzigen Atlantikinsel namens Ascension und treffen sich dort, um ihre Eier zu legen. Hin- und Rückwande-

GRÜNE MEERESSCHILDKRÖTE

rung sind über 5000 Kilometer lang. Sie navigieren dabei mit einem inneren Sonnen-, Stern- und Magnetkompass. Doch der Hinweg führt durch Strömungen, die eigentlich unpassierbar sein müssten. Warum sie die Insel ansteuern und wie sie dort hingelangen ist nach wie vor rätselhaft, zumal ihre Artgenossen durchaus erfolgreich an weit näher gelegenen Stränden brüten.

Grüne Meeresschildkröten

Formen der Tierwanderung

Nicht nur viele Milliarden Vögel, auch andere Arten vollführen den häufigsten Typ der Tierwanderung: die Pendelwanderung.

Welche ist die häufigste Art der Wanderung?

Sie unternehmen regelmäßige Wanderzüge zwischen zwei bestimmten Plätzen. So wechseln auch Fledermäuse im Herbst vom Sommer- ins Wintergebiet. Dabei fliegen sie teilweise Strecken von mehreren Hundert bis 1500 Kilometern. Anders als die Zugvögel ziehen sie jedoch nicht unbedingt südwärts, sondern auch nach Norden. Sie steuern bestimmte Höhlen an, in denen sie die Idealtemperatur für ihre Art von wenigen Grad über null vorfinden, um dort echten Winterschlaf zu halten. Eine Sonderform der Pendelwanderung ist der Schleifenzug, bei dem der Wegzug über eine andere Strecke verläuft als der Heimzug.

Es ist ein einzigartiges Schauspiel,

Gibt es Arten, die immer auf Wanderschaft sind?

wenn Hunderttausende Treiberameisen in einer gewaltigen Masse den Urwaldboden mit einer wandernden Schicht überziehen. Wanderschaft und Beutezug sind für sie eins. Sie stimmen sich auf unfassbare Weise in blindem

Arten wie der Säbelschnäbler (hinten) und der Kleine Abendsegler (links) unternehmen Pendelwanderungen. Treiberameisen hingegen wandern nomadisch. Sie bilden eine Gasse (runder Ausschnitt) und transportieren darin den Nestinhalt (rechts oben).

INVASION DER SEIDENSCHWÄNZE

Jedes Jahr ist Deutschland das Ziel mehrerer Invasionen. Manchmal sind sie auffällig, wie beim Einflug konzentrierter Massen der schönen Seidenschwänze. Oft bemerken aber nur Experten, wie sich Hunderttausende von Finken oder andere Neuankömmlinge über ein größeres Gebiet verteilen. Invasionen haben immer eine Übervermehrung in der ursprünglichen Heimat als Ursache, die meist auf eine reiche Nahrungssaison zurückgeht. Nah verwandt sind die Fluchtwanderungen, bei denen eine plötzliche Lageverschlechterung ebenfalls riesige Tiermassen zum Abwandern zwingt.

Seidenschwänze

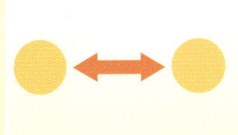

Pendelwanderung

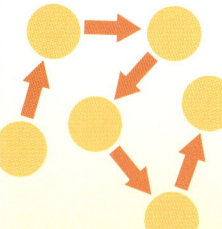

Nomadische Wanderung

Fluchtwanderung und Invasion

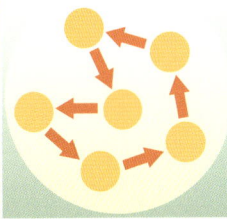

Territorialwanderung

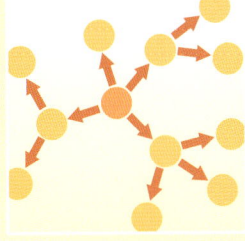

Ausbreitungswanderung

Verständnis untereinander ab. Außen gehen kampfstarke Tiere, innen transportiert ein Heerzug von Trägern den gesamten Nestinhalt, unter anderem eine große Menge von Larven. Auch die Königin ist mit unterwegs. Nachts bilden sie aus ihren Körpern schützende Nestwände um die Brut. Sie verkörpern den Typ des nomadischen Wanderers. Das bedeutet, dass sie ihr gesamtes Leben auf Wanderschaft sind. Sie ziehen ohne festes Ziel umher und suchen nach einer kurzen Zeit der Sesshaftigkeit, etwa drei Wochen, wieder bessere Nahrungsgründe. Zu den nomadischen Wanderern zählen ganz unterschiedliche Arten, beispielsweise die schon genannten Elefanten, aber auch Wellensittiche.

Wandern Tiere auch innerhalb ihres Reviers?

Zwergmangustengruppen verbringen ihr gesamtes Leben in einem festen Revier, das sie in erbitterten Schlachten gegen fremde Gruppen verteidigen. Dennoch sind sie stets auf Wanderschaft. Die Halbwüste, in der sie leben, bietet so wenig Nahrung, dass in der Umgebung ihres Baus bald nichts mehr zu finden ist. Daher haben sie mehrere Baue, die sie wechselweise benutzen. Auch Gorillas wandern innerhalb eines festen Heimatgebietes hin und her. Sie unternehmen wie die Mangusten Territorialwanderungen.

Zwergmangusten

Zu welchem Wandertypus zählt der Mensch?

Ein angeborenes Verlangen bringt viele Arten dazu, neue Gebiete zur Ansiedlung zu suchen. Bestes Beispiel ist der Mensch. Während die Neandertaler sich kaum ausbreiteten, überquerten die modernen Menschen schon in vorgeschichtlicher Zeit Ozeane und besiedelten rasch alle Kontinente bis in die Arktis. Noch heute ist dieses Verhalten wach und mit Hilfe moderner Technik verstärkt sich diese Ausbreitungswanderung noch, wie die Mondlandung und der Plan von Marskolonien zeigen.

Auch Menschen unternehmen nomadische Wanderungen. Viele Wüstenvölker ziehen mit ihren Viehherden als Wanderhirten ständig umher. Hier eine Nomadenfamilie in Afghanistan.

Die Leistungen der Zugvögel

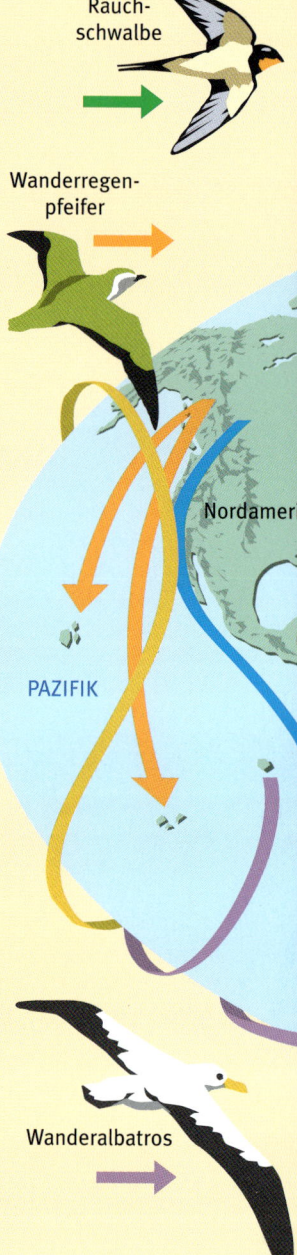

Rauch-
schwalbe

Wanderregen-
pfeifer

Nordameri

PAZIFIK

Wanderalbatros

Wie weit können Zugvögel reisen?

„Das Ausmaß des Vogelzuges ist nicht durch die Fähigkeiten der Vögel begrenzt, sondern allein durch die Größe des Planeten Erde", sagte der amerikanische Zoologe Professor Donald Griffin. Wir staunen schon, dass Weißstorch und Rauchschwalbe alljährlich bis Südafrika fliegen und wieder zurück. Aber das ist noch gar nichts gegen viele andere Vögel.

Die Küstenseeschwalbe reist von Grönland an der westafrikanischen Küste entlang nach Süden, umrundet die Antarktis und kehrt nach einem 50 000-Kilometer-Flug wieder zum grönländischen Brutgebiet zurück – ein Vogel, der stets dem Sommer folgt.

Der Millionensturmtaucher umrundet von seiner Brutinsel südlich von Australien in gewaltigen Zügen von 100 Millionen Vögeln den Pazifik im Uhrzeigersinn. Am 15. April beginnt die Reise, geht an Japan vorbei über das Beringmeer und an der kanadischen Westküste wieder nach Süden. An der Grenze Kanada-USA schwenken die Vögel in Richtung Hawaii und Fidschi diagonal über den Pazifik, um nach 35 000 Kilometern exakt am 26. und 27. September wieder am Brutplatz einzutreffen.

Riesige Flamingo-Schwärme lassen sich im Juli von Ostafrika mit dem Südwest-Monsun 4500 Kilometer weit nach Indien tragen und im Januar mit dem Nordost-Monsun wieder zurück.

Mit gutem Grund bewundert man die Albatrosse als ausgezeichnete Langstreckenflieger. Sie verlassen ihre Brutinseln der südlichen Ozeane und umrunden den ganzen Erdball.

Die in Alaska brütenden Wanderregenpfeifer suchen ihre Winterquartiere nach 3600 Kilometer langer Reise über hohe See auf den Hawaii-Inseln. Sie bekommen erst nach 40-stündigem Flug mit Tempo 90 und 250 000 Flügelschlägen wieder festen Boden unter die Füße. Einige reisen sogar noch einmal 3000 Kilometer weiter zu den Marquesasinseln.

Steinschmätzer, die in Alaska brüten, fliegen nicht mit anderen amerikanischen Vögeln nach Süden, sondern durchqueren unter enormen Anstrengungen Asien, um schließlich im Südwesten Afrikas Winterquartier zu beziehen.

WEISSSTORCH

Die in Europa brütenden Störche ziehen entweder östlich oder westlich um das Mittelmeer bis nach Südafrika. Dabei legen sie Entfernungen von bis zu 10 000 km zurück.

WANDERREGENPFEIFER

Wanderregenpfeifer fliegen viele Tausend Kilometer über die offene See und das, obwohl sie nicht schwimmen können. Oft steuern sie zur Überwinterung sehr kleine Inselgruppen an.

KÜSTENSEESCHWALBE

Küstenseeschwalben brüten nördlich des Polarkreises und überwintern im antarktischen Sommer. Diese Vögel sind wahre Flugkünstler und erbeuten ihre Nahrung, die Fische, aus dem Flug heraus.

RAUCHSCHWALBE

Außer den europäischen Rauchschwalben, deren Zugwege hier aufgeführt sind, gibt es noch asiatische Bestände. Diese Vögel ziehen teilweise nach Afrika, andere nach Indien oder Südostasien.

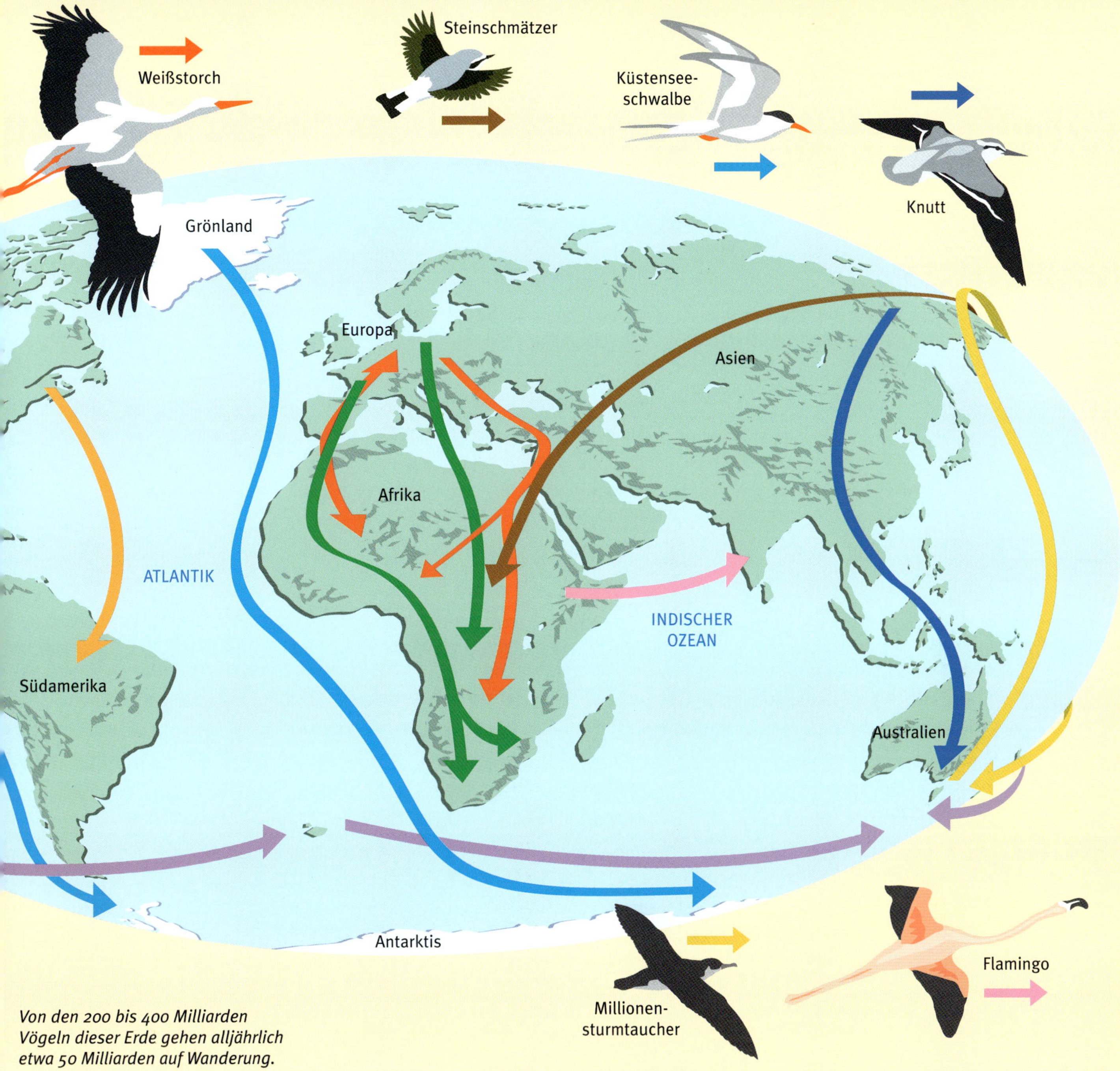

Weißstorch

Steinschmätzer

Küstensee-
schwalbe

Knutt

Grönland

Europa

Asien

Afrika

ATLANTIK

INDISCHER
OZEAN

Südamerika

Australien

Antarktis

Millionen-
sturmtaucher

Flamingo

*Von den 200 bis 400 Milliarden
Vögeln dieser Erde gehen alljährlich
etwa 50 Milliarden auf Wanderung.*

FLAMINGO

Flamingos sind recht un-
empfindlich gegenüber Kälte. Es gibt Kolonien an der
europäischen Mittelmeer-
küste und in Deutschland
in der Eifel. Es wurden auch
schon Überwinterer an der
Nordseeküste angetroffen.

WANDERALBATROS

Die Flügel der Wander-
albatrosse sind mit einer
Spannweite von bis zu
3,50 Metern perfekt an den
Gleitflug über dem Meer
angepasst. Dabei nutzen
die Vögel die Aufwinde
der Wellen.

STEINSCHMÄTZER

Die aberwitzig lange
Reiseroute der Stein-
schmätzer von Alaska bis
nach Afrika verläuft ver-
mutlich auf den gleichen
Pfaden, auf denen sie
sich einst allmählich ausgebreitet haben.

MILLIONENSTURMTAUCHER

Der Millionensturmtaucher
hat eine der längsten Wan-
derstrecken im Tierreich,
doch dies bedeutet keine
allzu große Anstrengung für
ihn, da er schwimmen kann
und sich Nahrung aus dem
Meer beschafft.

KNUTT

Der Knutt ist ein kleiner
Watvogel. Er vollbringt mit
die größten Zugleistungen.
Genau wie bei den meisten
anderen Zugvögeln gibt es
neben den eingezeichneten
Hauptstrecken noch viele
Nebenrouten.

9

Europäische Haussperlinge sind Standvögel.

in Städten lebenden Verwandten ist der Zugtrieb erloschen. Oftmals treibt erst ein ungewöhnlich kalter Frosteinbruch Vögel, wie beispielsweise die Graureiher, zur so genannten Winterflucht.

Unter den reinen Zugvögeln kennen wir Kurz-, Mittel- und Weitstreckenzieher. Für südschwedische Mäusebussarde ist bereits in Norddeutschland der „warme Süden" erreicht, während die norddeutschen Greife ins Bodenseegebiet wandern. Ähnlich verhält es sich mit den Schwärmen der Saatkrähen. Sie sind Kurzstreckenzieher. Die Mittelstreckenzieher wie die Stare, Rotkehlchen und Graugänse fühlen sich erst im Mittelmeerraum wohl, während die Weitstreckenzieher die Sahara überqueren, wie der nur acht Gramm wiegende Fitis, der von Skandinavien bis Südafrika reist.

Welche Formen des Vogelzuges gibt es?

Vögel, die immer in der Nähe ihres Brutgebietes bleiben, nennen wir Standvögel oder Nichtzieher. Zu ihnen gehören Haussperling, Rebhuhn und Uhu. Andere streifen nur etwas umher und bleiben dort, wo das Wetter günstig und Nahrung vorhanden ist: die Strichvögel, wie Jagdfasan und Graureiher. Von wiederum anderen Arten zieht nur ein Teil der Vögel, während die übrigen in ihrem Heimatgebiet bleiben. Es sind die Teilzieher wie zum Beispiel Kohlmeise, Amsel und Rotkehlchen. Vor allem in Jahren ungeheurer Massenvermehrung ziehen sie in riesigen Schwärmen und werden im Winterquartier zu so genannten Invasionsvögeln. Solche Schwärme sind von Bergfinken, Tannenhähern und Seidenschwänzen bekannt.

Die Zugeigenschaften sind nicht bei allen Angehörigen einer Art gleich. Der Haussperling, der in Mitteleuropa Standvogel ist, zeigt in Afghanistan ausgesprochenes Zugverhalten. Amseln, die in Wäldern leben, sind Zugvögel. Aber bei ihren

ÜBERSPRINGZUG

Ein seltsames Phänomen bieten die Angehörigen einiger Singvogelarten, etwa die Gartengrasmücke. Je weiter nördlich in Europa ihr Brutplatz liegt, desto weiter ziehen sie in den Süden Afrikas. Bei diesem Überspringzug zieht die südlichste Rasse zuweilen gar nicht und wird von ihrer nördlichen Nachbarrasse übersprungen, diese wiederum wird von ihren Nordnachbarn übersprungen. So kann das fünfmal und öfter gehen, bis schließlich die nördlichste Rasse zu einem Langstreckenzug über alle ihre Artgenossen hinweg gezwungen ist.

Die Wanderrouten der Zugvögel können sehr unterschiedliche Längen annehmen. In der Karte werden Arten verglichen, die in Norddeutschland brüten.

Der Mäusebussard überwintert als Kurzstreckenzieher im Bodenseegebiet.

Die Graugans zieht als Mittelstreckenzieher bis in den Mittelmeerraum.

Der Fitis bewältigt als Weitstreckenzieher die weite Strecke bis nach Südafrika.

Kohlmeisen sind Teilzieher – nicht alle Vögel ziehen im Winter fort.

Der Uhu bleibt als Standvogel stets in seinem Revier.

ZUGVÖGEL DER URZEIT

Funde von versteinerten Vögeln zeigten, dass Arten, die vor zwei Millionen Jahren gegen Ende des Tertiärs gelebt haben, auch schon typische Zugvogelflügel gehabt haben. Was sie im damaligen, recht warmen Erdzeitalter zur Reise angeregt hat, bleibt vorerst rätselhaft.

Graureiher sind Strichvögel.

Wie ist der Vogelzug entstanden?

Zwar konnten die Zahntaucher der Kreidezeit nicht fliegen, dennoch sind diese schwimmenden Fischjäger wohl bereits gewandert, wie Fossilfunde nahe legen. Der Vogelzug im eigentlichen Sinne hat sich mit größter Sicherheit in den Tropen entwickelt, wo nach wie vor Wanderbewegungen in Milliardengröße stattfinden, obwohl das Klima nicht dazu zwingt.

Der europäische Vogelzug hat seine jetzige Form nach der letzten Eiszeit vor etwa 15 000 Jahren angenommen. In dieser Phase gab es in Nord- und Mitteleuropa kaum Vögel. Sie hatten sich nach Südeuropa und in das damals fruchtbare Nordafrika zurückgezogen, wo sie als Nichtzieher lebten. Als dann das Eis zurückwich, besiedelten die Vögel das Land, wichen aber während des Winterhalbjahres erneut nach Süden aus. In Amerika ist es ähnlich gewesen. Der Süden der heutigen USA blieb während der Eiszeit von

Gletschern frei. Von dort zogen die Vögel im Herbst mit Kurs Südost über Florida, die Bahamas, Kuba, Haiti und die Kette der Kleinen Antillen nach Südamerika. Als das zurückweichende Eis es erlaubte, in den Nordstaaten und in Kanada zu brüten, trieb der Instinkt die Vögel nach wie vor auf Südostkurs. So flogen sie weit auf den Atlantik hinaus, bis sie dort von den Passatwinden erfasst wurden, die sie nach Südamerika bliesen.

Woher kennen Erstzieher ihr Reiseziel?

Viele Vögel ziehen nur nachts und ganz allein. Auch Jungtieren auf ihrer ersten Reise in das Winterquartier zeigen nicht einmal die Eltern den Weg. Über das Finden der Richtung mittels innerer Kompasse wird weiter hinten berichtet. Aber woher wissen sie, wann sie ihr Ziel erreicht haben?

Der bekannte Vogelkundler Dr. Hans Löhrl erklärt das so: „Wenn der innere Jahreskalender einem jungen,

Junge Schwalben wissen instinktiv, wo ihr Wintergebiet liegt.

Kaum zu unterscheiden: oben ein Zilpzalp, unten ein Fitis

ersten Mal kennen lernt und in späteren Jahren wieder aufsuchen kann." Die meisten Jungvögel finden ihr Winterziel ohne ihre Eltern, daher muss diese Fähigkeit angeboren sein.

Besonders eindrucksvoll zeigt sich das angeborene Wissen der Jungvögel an der Zugunruhe. Ein Singvogel, der in einem Käfig gehalten wird, beginnt während der Zeit des Vogelzuges plötzlich unruhig zu flattern und zu schwirren. Dabei strebt er stets in eine bestimmte Richtung. Johann Naumann, ein Pionier der Vogelkunde, erkannte bereits Anfang des 19. Jahrhunderts, dass der Vogel dabei nicht nur in die Richtung tendiert, in die er normalerweise ziehen würde, sondern dass die Zugunruhe auch ziemlich genau dann erlischt, wenn er das Ziel erreicht hätte. So sagte Naumann schon damals voraus, dass Pirol und Trauerschnäpper bis Afrika ziehen, was sich später als richtig erwies. Bezeichnend ist auch, dass die Zugunruhe besonders nachts einsetzt, zumal die meisten Zugvögel nachts ziehen.

unerfahrenen Zugvogel das Signal zum Aufbruch gibt, zieht dieser nach seinem angeborenen Richtungssinn los, fliegt dann so viele Wochen, wie sein inneres Programm Wanderaktivität vorschreibt, und befindet sich beim Erlöschen des Zugtriebes „automatisch" in seinem Winterquartier, das er damit zum

ZWILLINGSARTEN

Niemand kann die beiden Vogelarten Zilpzalp und Fitis auf den ersten Blick unterscheiden. Sie gehören zu den so genannten Zwillingsarten. Diese beiden Singvögel haben jedoch nicht nur einen stark unterschiedlichen Gesang, sondern ziehen auch völlig unterschiedliche Strecken. Der Zilpzalp bleibt im Mittelmeerraum; der Fitis überquert sogar noch die Sahara. Eine genauere Untersuchung des Handflügelindex zeigt den Unterschied: Beim Fitis entfällt ein deutlich größerer Anteil des Gesamtflügels auf die Handschwingen. Der Index beträgt etwa 28, beim Zilpzalp nur 20.

DER HANDFLÜGELINDEX

Der Handflügelindex errechnet sich aus dem Abstand der ersten Handschwinge von der Flügelspitze, geteilt durch die Gesamtlänge des gefalteten Flügels. Je länger also der von den Handfedern gebildete Teil des Flügels im Vergleich zur gesamten Flügellänge ist, desto größer ist der Index. Ein hoher Handflügelindex ist ganz allgemein ein Hinweis auf Zugaktivität. Beim Zaunkönig, einem reinen Standvogel, beträgt er 16,5, bei Mittelstreckenziehern 25 bis 35 und bei Weitziehern wie dem Mauersegler 72,3. Allein an diesem Index kann man also ablesen, ob ein Vogel Nicht-, Mittelstrecken- oder Weitstreckenzieher ist.

Handschwinge

Flügellänge

Woher kennen Vögel ihre Reisetermine?

Alle Tiere gehorchen unbewusst einem „inneren Jahreskalender", dem so genannten „circannualen Zeitsinn" (lat. circa = ungefähr, annualis = jährlich). Er lässt sie zu jeder Jahreszeit das Richtige tun: Paarung, Jungenaufzucht, rechtzeitiges Fettanmästen vor dem Zug sowie der Start zum Winterquartier und zurück. Damit dieses angeborene Zeitgefühl nicht vor- oder nachgeht, muss es von einem äußeren Zeitgeber nachgestellt werden. Dieses „Zeitzeichen" ist die Tageslänge.

Dass eine Verschiebung dieses Zeitgebers starke Auswirkungen haben kann, zeigt ein erschütterndes Schauspiel aus der westsibirischen Barabasteppe bei Nowosibirsk: Immer wieder wurde dort beobachtet, wie ein Schwarm von 100000 Graugänsen gerade seine Jungen großgezogen hatte, als über Nacht alle Vögel von Zugunruhe erfasst wurden. Sie wollten auffliegen in Richtung ihres Winterquartiers 3500 Kilometer weit im Süden jenseits des Himalaja an den Ufern des Ganges. Aber sie konnten nicht fliegen, denn sie hatten gemausert, also ihr Gefieder gewechselt, und die neuen Federn waren noch nicht vollständig nachgewachsen. Doch ihr Reisetrieb war nicht zu zügeln. So watschelten sie zu Fuß los. Erst nach zehn Tagen und 160 Kilometern Fußmarsch waren die Flugfedern perfekt, und die Gänse erhoben sich rauschend in die Luft.

Wie ist es zu diesem verfrühten Startsignal, also der vorzeitigen Ausschüttung von jenen Hormonen im Blut gekommen, die in den Vögeln unbändige Reiselust wachrufen? Die Lösung des Rätsels liegt im circannualen Zeitsinn der Gänse: Einige Jahre zuvor war das Brutgebiet der Gänse vom Wasser eines neuen Stausees überschwemmt worden. Auf der Suche nach neuem Lebensraum siedelten sich die Vögel 400 Kilometer weiter südlich an. Hier aber ging die Sonne im August früher unter als in der alten Heimat. Der Zeitgeber war also „verstellt" worden und täuschte den Tieren vor, bereits näher am Herbst zu sein. So regte sich ihr Zugtrieb vorzeitig, aber trotzdem so gewaltig, dass die noch nicht flugfähigen Gänse schließlich zu Fuß aufbrachen.

Die Zugaktivität der Graugänse wird durch die Tageslänge beeinflusst.

Wie die sibirischen Graugänse zeigen, die ihre Reise mit einem Fußmarsch begannen, gibt es Vögel, die alljährlich fast auf den Tag genau zur großen Reise starten, so ungünstig die Umweltbedingungen auch sein mögen. Wir nennen sie Instinktzieher. Der Mauersegler gehört auch zu ihnen.

Die Singdrossel wartet beim Erwachen der Zugunruhe jedoch günstige Windverhältnisse ab, auch wenn es Wochen dauert. Sie startet im Herbst nur bei Nordostbrise, also bei gutem Rückenwind. Während der Reise wählt sie immer die Richtung, in die der Wind sie trägt, selbst wenn sie dabei Umwege in Kauf nehmen muss. So spart sie sehr viel Energie. Wir bezeichnen sie als Wettervogel.

Auf der Reise selbst kann schlechtes Wetter die Tiere zu langen Pausen zwingen. Die Bekassine legt bei Sonnenschein am Tag etwa

Singdrossel

600 Kilometer zurück, bei Regenschauern aber erheblich weniger. Wenn im Herbst über den Alpen Unwetter toben, suchen sich Rauchschwalben vor dem Nordhang einen Unterschlupf, etwa in einer Scheune. Nach und nach versammeln sich hier immer mehr Vögel, bis schließlich einige Tausende die Scheune füllen. Dies bezeichnen wir als Zugstau.

Das Wetter kann Zugvögeln aber auch einen bösen Streich spielen. Wenn im Spätherbst Massen von Bergfinken invasionsartig nach Süddeutschland einfliegen und dort noch warme Temperaturen herrschen, bleiben sie dort. Kommt der Frosteinbruch erst einige Wochen später, ist bei den Finken der Zugtrieb erloschen. So treten sie an ganz unterschiedlichen Orten in ungewohnten Massen auf, was für sie schnell zu einer Hungerkatastrophe führen kann.

Auch die Rückkehr der Zugvögel ins Brutgebiet ist witterungsabhängig. Während die gegen Frost ziemlich unempfindlichen Feldlerchen oft schon im Februar an ihren mitteleuropäischen Brutplätzen erscheinen und nur vor ganz strengen Frosteinbrüchen in Wäldern Schutz suchen, fliegen viele andere Singvögel nie weiter, als eine ihnen genehme südliche Warmluftströmung reicht. Sie lassen sich gleichsam mit milden Winden ins Land blasen. Kommt der Winter

Warum macht „eine Schwalbe noch keinen Sommer"?

Bekassine

ZYKLONALE WETTERFLÜGE
Nur Mauersegler sind aufgrund ihrer enormen Geschwindigkeit und einer „inneren Wetterwarte" in der Lage, „zyklonale Wetterflüge" auszuführen, das heißt Regengebiete weiträumig zu umfliegen. Anstatt bei schlechtem Wetter die Alpen zu überqueren oder im Zugstau davor zu warten, umfliegen sie das Schlechtwettergebiet auf der Route über Südfrankreich, Spanien und Marokko und sind trotzdem viel eher in Zentralafrika als die Schwalben, die warten mussten.

Mauersegler

Die ersten Rauchschwalben treffen schon Ende März bei uns ein. Manche bleiben bis Anfang November.

zurück, kehren sie sogar über einige Hundert Kilometer wieder um.

Wieso macht unter diesen Bedingungen eine Schwalbe noch keinen Sommer? Weil diese Vögel eine Überlebenssicherung beachten: Würden diese Weitzieher in riesigen Schwärmen wie die mittelweit ziehenden Stare reisen, wäre die Gefahr groß, dass ein Sandsturm über der Sahara oder ein Unwetter über dem Mittelmeer alle Schwalben vernichtet. Deshalb ziehen sie nur in kleinen Staffeln und in Abständen, die sich über mehrere Wochen verteilen. So trifft ein Unwetter immer nur wenige, und so kommen einige Schwalben früh und einige spät – aber sie kommen!

SCHLECHTES WETTER

In manchen Jahren ist das Wetter so schlecht, dass auch das flexible Zugverhalten der Schwalben sie nicht vor dem Tod schützen kann. Der extrem frühe Winterbeginn 1974 zum Beispiel überraschte die Vögel, so dass viele starben. Nach einer solchen Katastrophe vermehren sich Schwalben jedoch rasch wieder, so dass selbst große Verluste in wenigen Jahren ausgeglichen sind.

Ziehen Zugvögel in festen Luftkorridoren?

Die einzelnen Vogelarten haben ein höchst unterschiedliches Zugverhalten. Die meisten starten jeder für sich, so dass sich alle Vögel eines Großraumes auf breiter Front ihrem Ziel entgegenbewegen. Man spricht hierbei von Breitfrontenzug. Später auf ihrem Weg können diese Vögel aber auf Hindernisse und Leitlinien stoßen. Dann konzentrieren sich die Scharen auf einem Raum, der oftmals sehr eng wird. Es kann dann zu riesigen, deutlich erkennbaren Massenwanderungen in engen Luftkorridoren kommen, die im Volksmund auch als Vogelfluglinien bezeichnet werden. Vogelwarten werden meist an solchen Stellen errichtet. Der wichtigste dieser Korridore liegt in Israel. Dort ziehen alljährlich über 500 Millionen Vögel durch.

Eine andere Technik haben Arten, die sich zu Gemeinschaften versammeln und mit Sichtkontakt am Tage ziehen. Die Kraniche sind das berühmteste Beispiel, zumal bei ihnen regelmäßig sogar Familienverbände auf dem Zug beieinander bleiben. Sie ziehen von Anfang an eng gebündelt wie auf einer Luftstraße in Richtung ihres Bestimmungsortes. Diese Art des Zuges wird Schmalfrontenzug genannt.

Wenn entlang des Zugweges massive Hindernisse im Weg stehen, etwa die Alpen, müssen sich die Zugvögel entscheiden, entweder östlich oder westlich daran vorbeizufliegen. Dabei können sich Angehörige derselben Art verschieden verhalten, je nachdem von wo sie losfliegen. Dort, wo sich die Wege der Westflieger von den Wegen der Ostflieger scheiden, spricht man von einer Zugscheide.

Europäische Weißstörche teilen sich in Ost- und Westzieher. Als Segelflieger, die die Aufwinde über dem Land nutzen, meiden die Vögel das offene Mittelmeer. Sie ziehen entweder über die Meerenge bei Gibraltar oder über den Bosporus nach Afrika. Die Zugscheide verläuft von Holland über den Harz bis zu den Alpen.

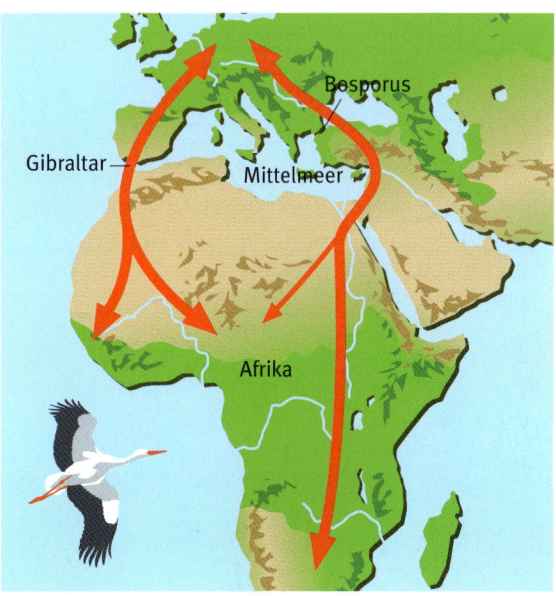

Radarbeobachtungen haben gezeigt: Milliarden von Vögeln überfliegen alljährlich das Mittelmeer und wählen dabei keineswegs

Können Nichtschwimmer Ozeane überqueren?

immer die Meerengen. Die Sahara erfordert ebenso gewaltige Nonstopflüge, auch wenn kleinere Vögel einige Oasen zum Rasten nutzen. Größere Vögel legen die enorme Distanz ohne Pause zurück.

Lange Zeit blieb es ein Rätsel, auf welchem Weg nordamerikanische Zugvögel nach Südamerika gelangen. Die Landbrücke oder die karibische Inselkette benutzen nämlich nur wenige. Erst 1977 stellten amerikanische Vogelzugforscher mit Radar schier Unglaubliches fest:

Vögel wie Grasmücken, Wasserläufer, Wanderregenpfeifer und Pfuhlschnepfen verlassen im Herbst die nordamerikanische Ostküste mit Kurs Südost. Wenn zum Beispiel Vögel aus der Umgebung von New York nach 1200 Kilometern die Bermudainseln überflogen haben, werden sie von starken nordöstlichen

Zugvögel fliegen auch über der Wolkendecke.

Passatwinden erfasst und nach Südwesten abgetrieben. So gelangen sie im 3800 Kilometer weiten Bogen nach Südamerika. Würde der Passat einmal aussetzen, was allerdings nie der Fall ist, müssten die Vögel über dem mittleren Atlantik zu Grunde gehen.

Die meisten Zugvögel fliegen bei gutem Wetter

Wie hoch reisen Zugvögel?

in 300 bis 700 Metern Höhe. Aus 700 Metern haben sie einen Weitblick von 90 Kilometern in der Runde. Über der Sahara müssen sie tagsüber auf 3000 Meter steigen, um die für sie optimale Lufttemperatur von 10 Grad Celsius zu erreichen. Nachts können sie auf 1000 Metern Höhe bleiben. Bei Nebel und tief hängenden Wolken gehen Vögel nicht etwa zu Fuß, wie Piloten im Scherz behaupten, sondern fliegen über der Wolkendecke.

Atlantischer Zugweg nordamerikanischer Vögel, links oben ein Wanderregenpfeifer

HÖHENFLUG

Dank besonderer roter Blutkörperchen haben Streifengänse und Sperbergeier die besten Voraussetzungen zur Sauerstoffaufnahme in dünner Höhenluft. Die Streifengans zieht in bis zu 10000 Metern Höhe über den Himalaya. Den Rekord hält der Sperbergeier. Ein Exemplar geriet 11 300 Meter hoch über der Elfenbeinküste in ein Flugzeugtriebwerk.

FLINKE ENTEN

Die Körpergröße ist für das Zugtempo sehr wichtig. Ausgerechnet die am Boden so unbeholfen watschelnden Enten und Gänse haben das Idealgewicht und schaffen ein Dauertempo von bis zu 100 km/h ohne Rückenwind. Noch größere Vögel, zum Beispiel Störche, haben sehr mit ihrem Gewicht zu kämpfen. Sie ziehen größtenteils ohne Flügelschlag im Segelflug.

Rauchschwalben im Windkanal

Teilnehmer einer Mount Everest-Expedition berichten, dass Wildgänse, Kraniche und Störche den Himalaya in Höhen bis zu 8700 Metern überfliegen.

Der Tübinger Vogelforscher Dr.

Wie schnell fliegen Zugvögel?

Schnitzler kam aus dem Staunen nicht heraus. Eben noch hatte er im Labor die Fluggeschwindigkeit einer Weißscheitelammer bei Windstille mit 18,5 km/h exakt gemessen. Nun sorgte er in einem Windkanal für Gegenwind. Da beschleunigte der Vogel sein Tempo enorm. Sogar als der künstliche Sturm mit 60 km/h raste, kam die 40 Gramm leichte Ammer immer noch mit 5 km/h voran! Diese und andere wissenschaftliche Methoden wie auch die Verwendung von Radaranlagen haben den Vogelzugexperten Auskunft über die Reisegeschwindigkeit vieler Zugvogelarten gegeben. Vor allem über dem Meer dürfen Landvögel, wenn ihnen plötzlich der Orkan ins Gesicht weht, nicht aufgeben. Dann mobilisieren sie ungeahnte Energiereserven, um noch rettendes Land zu erreichen.

Unsere Mauersegler können mit Tempo 90 bis zu 2000 Kilometer am Tag zurücklegen, wenn sie ein Schlechtwettergebiet, in dem sie nichts zu fressen finden, weiträumig umfliegen.

Am liebsten ist Vögeln natürlich Rückenwind. Dann steigert ein Kranichgeschwader sein Tempo von 63 km/h auf 80 bis 115 km/h. Einzelbeobachtungen ergeben mitunter noch höhere Geschwindigkeiten. Bei einem Stachelschwanzsegler, der von Ostsibirien bis Südaustralien und Tasmanien zieht, wurden 144 km/h gemessen. Grundsätzlich versuchen Zugvögel aber nicht so schnell wie möglich zu fliegen, sondern sie haushalten mit ihren Kräften.

Kraniche können Fluggeschwindigkeiten von über 100 km/h erreichen.

Ein Nestling, der gerade aus dem Ei geschlüpft ist, hat manchmal nur drei Wochen Zeit, um groß zu werden und sich noch dazu die nötigen Reserven für den Zug in den fernen Süden anzufressen. Er frisst, so viel er finden kann, bis zur Grenze seiner Aufnahmefähigkeit. Glücklicherweise sind gerade in dieser Zeit Beeren und Früchte reichlich. Vögel, die sonst eher Insekten fressen, werden plötzlich zu Vegetariern. Sie bilden Schwärme und fallen über Obstbäume her. Dabei werden sie sichtbar fett. Menschen, die Zugvögel in Käfigen halten, glauben zuweilen, ihr Liebling wäre krank, so sehr nimmt er zu. Von diesen Fettpölsterchen zehren die Vögel später auf dem Zug. Doch diese Reserven reichen nur knapp.

Woher nehmen Vögel die Kraft für die schwere Reise?

Viele Zugvögel nutzen jede Möglichkeit, um Energie zu sparen, und fliegen daher im Keilflug. 1973 konnte der Flugzeugingenieur und Hobby-Ornithologe Dr. Dietrich Hummel beweisen: Jeder fliegende Vogel erzeugt rechts und links hin-

Das Rotkehlchen stärkt sich mit Äpfeln.

ÜBERLANDSEGELN DER STÖRCHE

Störche und andere Großvögel können auf ihren Frühjahrs- und Herbstzügen durch das Überlandsegeln Energie sparen. Dabei nutzen die Vögel die so genannte Thermik – die Aufwärtsbewegung erwärmter Luft. Sobald die Vögel in eine Thermik geraten, kreisen sie mit gespreizten Flügeln mit der aufsteigenden Luft in die Höhe und gleiten dann bis zur nächsten Thermik über das Land abwärts, um sich dort wieder hochzuschrauben. Zwar kostet dieser Gleitflug den Vogel auch Energie, da er die Flügel aktiv spreizen muss, doch ein aktiver Flug wäre wesentlich kräftezehrender.

ter sich einen Sog. Ein dort folgender Vogel lässt sich also vom Vordermann mitreißen. So spart ein Flugkeil insgesamt bis zu 23 Prozent Energie. Der Spitzenreiter dieser Formation hat es am schwersten und wird daher oft abgelöst. Größere, weniger gestreckte und schwerere Flügel begünstigen kleinere, gestrecktere und leichtere Flügel. Mit anderen Worten: Die schwachen und kleinen Mitreisenden genießen im Flugkeil die meiste Erleichterung.

Schneegänse in Keilformation fliegend

HUCKEPACKFLUG

Die energiesparendste Art des Formationsfluges ist der Huckepackflug, wobei ein kleiner Vogel mitten im Flug auf einem größeren landet und sich transportieren lässt. Das ist schon häufiger bei verschiedenen Arten beobachtet worden, kommt aber vermutlich nur in Notsituationen vor.

Das französische Ehepaar Moullec hat sich der Rettung der vom Aussterben bedrohten Zwerggänse verschrieben. Sie leiten die Gänse mit ihrem Ultraleichtflugzeug in Gebiete, in denen die Jagd auf Zwerggänse verboten ist.

ZWECK DES ZUGES

Ohne die zusätzliche Gefährdung durch die menschliche Zivilisation wären die Zugvögel vermutlich im Vorteil gegenüber den Zurückgebliebenen, da diese Standvögel an großer Wintersterblichkeit leiden. Um ihren Bestand zu sichern, nisten die meisten Zugvögel nur einmal jährlich, Standvögel hingegen brüten im Allgemeinen mehrmals pro Brutzeit.

Welchen Gefahren sind Zugvögel ausgesetzt?

Als einmal ein Wüstenforscher mit seinem Geländewagen auf einer Karawanenstraße die Sahara durchquerte, zog ein Sandsturm auf. Plötzlich schossen 20 Rauchschwalben durch das Fenster zu ihm in die Kabine. Dann folgten immer mehr, bis der Raum prall voll von Vögeln war. Die Schwalben wissen: Wer sich vor einem Sandsturm nicht in Sicherheit bringen kann, in einer Oase, einem Autowrack oder einer leeren Benzintonne am Weg, ist verloren. Um jederzeit so eine Zuflucht zu finden, benutzen Zugvögel die alten Karawanenstraßen als Reiseroute. Umgekehrt folgen verirrte Beduinen auch den Vögeln und lassen sich von ihnen zur nächsten Oase leiten.

Von den zwei Milliarden Vögeln, die die Sahara überqueren, überleben vier Prozent die Reise nicht, also 80 Millionen. Die Kleinen scheitern am aufgezehrten Fettvorrat, die Großen verdursten. Unwetter fordern viele

Wege über Wüsten stecken für Zugvögel, hier Flamingos, voller Gefahren.

Opfer. So vernichtete ein Wirbelsturm in England einen Schwarm von 300 Graugänsen. In Transvaal, Südafrika, erschlug ungewöhnlich starker Hagel 500 Störche.

Die größte Gefahr aber geht vom Menschen aus. Allein in Italien werden jährlich 170 Millionen Zugvögel geschossen. In den USA und in Kanada erlegen Jäger in jedem Jahr 400000 Schneegänse. Unzählbar ist die Menge der Durchzügler, die in fremden Ländern an Schädlingsbekämpfungsmitteln sterben.

Todesfallen sind auch Leucht- und Fernsehtürme, insbesondere bei Neumond. Die Vögel sehen nur die Lampen, nicht aber den Turm oder die Bohrinsel und prallen dagegen.

Die Straßen der Landtiere

"Plötzlich schien der Berg zu leben. Wie ein hundert Meter breiter und fünf Kilometer langer Riesenteppich huschte das Millionenheer der Lemminge den Hang abwärts, geradewegs auf die kleine Stadt Fauske am Saltfjord zu." So schildert ein norwegischer Naturforscher seine Erlebnisse. "Sofort überschwemmten die Lemminge alle Straßen, Höfe und Gärten, so dass die Menschen in die Häuser fliehen mussten." Die als Einzelwesen friedlichen und ängstlichen Lemminge wurden in der Masse zu wilden Bestien. Sie sprangen alles an, was sich

Die Karte zeigt die Wanderzüge der Lemminge in Skandinavien.

ihnen in den Weg stellte: Hunde, Katzen, Pferde, Autos. Als sie die Stadt durchquert hatten, stürmten sie über einen Bahndamm gerade in dem Augenblick, als ein Zug kam und sie scharenweise überfuhr. Aber das hinderte die nachfolgenden Tiere nicht, über die Leichen hinweg und unter dem Zug hindurch weiterzurennen. Zwanzig Minuten später erreichte die Spitze des Zuges

Berglemminge sind gute Schwimmer.

das Fjordufer. Sofort gab es einen Stau. Die Tiere drängten sich in mehreren Schichten übereinander. Sie stritten, traten und bissen sich, jeder gegen jeden, bis die ersten die Steilküste hinab ins Wasser sprangen und ihnen alle anderen folgten.

Da der Fjord hier nur 1500 Meter breit ist, erreichten die meisten Lemminge schwimmend das gegenüberliegende Ufer. Drüben angekommen, schienen sie sich beruhigt zu haben. Die Tiere eilten bergauf, verstreuten sich über die Hänge und besiedelten Neuland.

Alle drei oder vier Jahre ereignet sich in einer Lemmingkolonie eine Bevölkerungsexplosion, die aber relativ unauffällig verläuft. Zwar ändert sich in solchen Lemmingjahren die landschaftliche Stimmung grundlegend, doch die Lemminge selbst sind meist nur indirekt aufgrund allgegenwärtiger Geräusche und zahlreicher Raubfeinde zu erkennen. Alle 32 bis 36 Jahre aber kommt es zu einem Lemmingausbruch ohnegleichen, der die geschilderten Formen annehmen kann. Die

FALSCHE THEORIE

Trifft ein Lemmingstrom bei der Wanderung im Wasser nicht auf ein gegenüberliegendes Fjordufer, sondern auf das Eismeer oder einen zu breiten Fluss, müssen die Tiere ertrinken. Daher meinte man früher, dass sie Selbstmord begehen. Diese Theorie hat sich jedoch als falsch erwiesen. Die Lemminge wollen lediglich neue Lebensräume erschließen, auf deren Suche sie dann verunglücken.

Verborgene Schätze

Zahllose Expeditionen haben nach den legendären Elefantenfriedhöfen gesucht, in der Hoffnung auf unermessliche Elfenbeinschätze. Nun ist klar, warum die Suche stets erfolglos blieb: In den Tiefen der Sümpfe ist das Elfenbein unerreichbar und für alle Zeiten geschützt vor dem Zugriff von Elfenbeinjägern.

Elefantenstrassen

Auch in Indien wandern die Elefanten und legen dabei im tiefsten Dschungel Trassen an, die auch von anderen Tieren genutzt werden. Sogar die Menschen sind auf diese erstaunlichen Verkehrswege angewiesen, so kommen Urwaldforscher oft nur gut voran, wenn sie diese Tierverkehrsadern selbst nutzen.

Wandernde Herde Afrikanischer Elefanten

Tiere müssen auswandern, um nicht in der Heimat zu verhungern. Die im Übervölkerungsstress hervorbrechende Streitlust gibt das Startsignal. Zunächst setzen sich die Tiere exakt talwärts in Marsch. Von nun an zwingt sie ein übermächtiger Instinkt, immer nur genau geradeaus zu laufen, damit sie sich nicht im Kreis bewegen und an den alten Ort zurückkehren. Nichts kann sie von diesem geraden Kurs, dessen Richtung die Tallage bestimmt, abhalten: kein Fels, kein Fluss, kein Gletscher, kein See, keine Stadt, kein Eisenbahnzug. So geht es über 50, manchmal sogar über 100 Kilometer weit, bis die Tiere Neuland gefunden haben.

Auf der Flucht vor einer katastrophalen Dürre, auf der Suche nach Nahrung oder einem Wasserloch legen die Herden Afrikanischer Elefanten mitunter Hunderte von Kilometern zurück. Ein Grund für die Reise ist auch das Aufsuchen eines Elefantenfriedhofs.

Wenn ein Afrikanischer Elefant, so erzählten sich einst Großwildjäger, das Herannahen seines Todes spürt, trennt er sich von der Herde und eilt über Hunderte von Kilometern einem für Menschen und Tiere unzugänglichen Ort zu, von dem es auch für ihn keine Wiederkehr gibt.

Diese sagenhaften Elefantenfriedhöfe wurden nie gefunden. Aber sie existieren doch. Der englische Elefantenforscher Dr. Ian Douglas-Hamilton konnte das Geheimnis lüften. Er folgte den Spuren

Gibt es Elefantenfriedhöfe?

Elefanten bevorzugen zarte Sumpfgräser.

eines greisen Elefanten und fand heraus, dass ein Elefant meist nicht an Altersschwäche, sondern an schlechten Zähnen stirbt. Wenn im Alter von etwa 50 Jahren die letzten Mahlzähne abgewetzt sind, können sie Gras und Laub nicht mehr zer-

Noch vor 100 Jahren unternahmen Millionen von Bisons regelmäßige Wanderungen zwischen Sommer- und Wintergebieten (helle Fläche mit roten Pfeilen).
Heute ist das Verbreitungsgebiet auf wenige Gebiete zusammengeschrumpft (orangefarbene Flächen).

Nordamerika

kleinern. Der Elefant scheidet die Nahrung fast unverdaut wieder aus und kann dadurch seinen Nährstoffbedarf nicht ausreichend decken. Obwohl das Tier Riesenmengen verschlingt, verhungert es.

Diesen Tod kann ein Elefant um Wochen hinauszögern, wenn er mit seinem hervorragenden Ortsgedächtnis über tausend Kilometer hinweg mit einer Geschwindigkeit von 80 Kilometern pro Tag einen Morast aufzusuchen versteht, in dem besonders weiche, saftige, leicht verdauliche Gräser wachsen. Allmählich aber kehrt sich der Tod durch Verhungern in den Tod durch Versinken im morastigen Grund. In eben diesen Sümpfen liegen unzählige Elefantengenerationen aus Jahrtausenden, versunken und versteinert.

Lemminge und Elefanten sind nicht die einzigen weit reisenden Säugetiere. Früher wanderten die Bisons in riesigen Herden von manchmal mehreren Millionen Tieren über Tausende von Kilometern zwischen ihren Sommer- und Winterweidegebieten in den nordamerikanischen Prärien hin und her. Nachdem sie zu Hunderttausenden von weißen Siedlern abgeschossen wurden, leben heute nur noch wenige in Schutzgebieten.

Die südafrikanischen Springböcke bewohnten früher in Herden zu Zehntausenden die Halbwüste Kalahari. Sie konnten dort leben, weil ihnen eine „innere Wetterwarte" anzeigte, wo in mehreren Hundert Kilometern Entfernung ein so genannter Punktregen niederging und das öde Land für kurze Zeit in einen blühenden Garten verwandelte.

Welche Wege führen Tiere durch Wüsten und Dschungel?

Springböcke wandern in Herden mit Tausenden von Tieren.

Sich kopfüber eine zehn Meter tiefe Steilkante hinabstürzen – die Gnus machen es trotz des hohen Verletzungsrisikos ohne zu zögern, da ihr Wandertrieb sie dazu zwingt. Auch ihre Flussüberquerungen sind oft sehr verlustreich, denn viele der Gnus erliegen der starken Strömung. Andere fallen den von weither versammelten Krokodilen zum Opfer. Etwa eine Million dieser Tiere aus der Überfamilie der Kuhantilopen sind fast das ganze Jahr unterwegs. Bis zu 3 000 Kilometer wandern sie dabei zusammen mit Zebras. Sie suchen die jeweils vom Regen begünstigten Regionen auf. Der Höhepunkt dabei ist ihr Aufenthalt in der afrikanischen Serengeti während der Regenzeit, wo die Kühe fast gleichzeitig ihre Jungen gebären. Raubtiere sind zwar zahlreich anwesend, diese plötzliche Menge an Beutetieren überfordert sie aber und so haben die allermeisten der schwachen Kälber gute Chancen zu überleben.

Gnus ziehen in riesigen Herden immer dem Regen nach.

BEWÄHRTE WEGE

Dachse benutzen über Generationen immer dieselben „Pässe" zu Nahrungsfundorten. Diese Wege sind tief ausgetreten und werden von den Tieren frei von Gestrüpp und Unkraut gehalten. In ähnlicher Weise legt auch der Feldhase bis zu einen Kilometer lange Rennpisten über den Acker, um bei einer Flucht schneller spurten zu können.

Pass eines Dachses

Zebras, Gnus und Antilopen sind ständig in der afrikanischen Steppe auf Wanderschaft. Sie ziehen im Laufe des Jahres in einem großen Kreis, um immer dort zu sein, wo die Gräser gerade am saftigsten sind.

Als die Regierung von Botswana einmal riesige Drahtzäune durch die Kalahari zog, um die Schutzgebiete zu begrenzen, erwies sich dies als eine folgenschwere Fehlplanung. Die Tiere verhungerten und verdursteten zu Zehntausenden, weil die Zäune die Wanderungen zu Wasserstellen und günstigen Nahrungsquellen verhinderten. Daraufhin wurde der Serengeti-Nationalpark in Ostafrika schließlich sehr groß konzipiert, weil auch dort Zebras, Gnus und Antilopen im Lauf der Jahreszeiten weite Wanderungen unternehmen, um immer jene Gebiete aufzusuchen, in denen frisches Gras gewachsen ist.

Auch Orang-Utans auf Borneo wandern im Wechsel der Jahreszeiten in Urwaldgebiete, in denen Früchte reifen. Sie benutzen, wie Tarzan, Lianenschaukelstraßen. Ist für ein Jungtier der Sprung zu weit, bildet die Mutter mit ihrem Leib eine Brücke.

Die großen Rentierherden in Nordskandinavien ziehen weit umher und zwingen ihre „Besitzer", die Lappen, mit ihnen zu ziehen.

Unsere Wälder sind der Lebensraum der Erdkröten. Alljährlich zur Laichzeit aber suchen sie einen Tümpel auf, um dort die Eier abzulegen. Mit einer Hüpfgeschwindigkeit von 600 Metern pro Tag machen sie sich auf die mehrere Kilometer weite Reise und wissen dabei nicht etwa einen beliebigen Pfuhl zu finden, sondern exakt jenen, in dem sie vor Jahren das Licht der Welt erblickten.

Wie finden Erdkröten ihren Laichplatz?

Ist ihr Geburtstümpel ausgetrocknet, suchen die Kröten nicht nach einem tieferen, noch Wasser führenden Gewässer, obwohl sie es meist leicht finden könnten. Stattdessen graben sie sich in den Morast ein und warten, bis der nächste Regen wieder genug Wasser gibt, um laichen zu können.

Vor einigen Jahren wurde über solch einen Tümpel eine Straße gebaut. Aber der Betonpiste völlig ungeachtet

zogen im folgenden März die Kröten wieder genau an ihre angestammten Plätze, krochen verzweifelt auf der Fahrbahn herum und wurden in Massen überfahren. Nur wenige Meter daneben hätten sie zahlreiche andere Tümpel finden können. Aber die missachteten die Kröten, weil es ihnen eingegeben ist, nur dort zu laichen, wo sie geschlüpft sind.

Wie können die Erdkröten den Ort ihrer Geburt so exakt finden, wo

SCHLANGENGRUBE

Auch einige Schlangenarten machen längere Wanderungen in Winterquartiere und sind bei Straßenüberquerungen ähnlich gefährdet wie Erdkröten. Die nordamerikanischen Strumpfbandnattern legen auf ihrem Zug weit über ein Dutzend Kilometer zurück. Sie suchen dabei Höhlen auf, in denen sie dann häufig zu Tausenden versammelt sind.

KRÖTENZÄUNE

Durch den Aufbau von Krötenzäunen können viele Kröten gerettet werden.

Wenn Erdkröten auf ihrer Wanderung Straßen überqueren, verzeichnen sie starke Verluste, die ihren Bestand bedrohen. Daher fangen Artenschützer diese Amphibien mit Krötenzäunen ab und tragen sie dann über die Gefahrenstelle. Oft gibt es sogar kleine Tunnel unter der Straße hindurch, zu denen die Kröten finden, nachdem sie den Zaun nicht überwinden konnten. Obwohl er Krötenzaun heißt, werden durch ihn eine Vielzahl weiterer Lurche gerettet, unter anderem Grasfrosch, Teichmolch oder gar seltene Arten wie Moorfrosch und Kammmolch. Der Aufbau eines solchen Zaunes erfordert keine spezielle Fachausbildung und die Genehmigungen sind unbürokratisch zu bekommen. Einfache Anleitungen bekommt man bereitwillig bei Naturschutzorganisationen wie dem NABU. Das Material kann bei ökologischen Versandhändlern bestellt werden, ist aber auch leicht selbst herstellbar. Der richtige Zeitpunkt zum Aufbau eines Zaunes im Frühjahr ist nicht einfach zu bestimmen. Nach milden Wintern verschiebt er sich deutlich nach vorn. Meist beginnt die Wanderung bei Nachttemperaturen über 5 Grad und bei Regen.

Viele verschiedene Verkehrs-schilder warnen in aller Welt vor wandernden Tieren, die die Straßen und Wege der Menschen überqueren.

Ketter der Autos. Es muss ja von seinem Versteck am Wald-rand über die Au-tobahn auf die Wiese gelan-gen, oder es verhungert. Am stärksten gefährdet sind Jungtiere, die der Mutter folgen. Hat diese endlich eine kleine Lücke in der Au-tokolonne entdeckt und spurtet los, will ihr das jun-ge Tier folgen ... und wird überfahren.

Im Jahr 2003 wurden in Deutschland etwa 220 000 Rehe, 200 000 Hasen und 20 000 Hirsche und Wildschweine von Autos getö-tet. Mancherorts stirbt jedes vierte Reh nicht durch den Jäger, sondern durch den Straßenverkehr. Bei den Zusammenstößen starben auch 30 Menschen; 3 000 wurden verletzt.

Allerdings war 2003 ein Mastjahr, es gab also mehr Eicheln und Buch-eckern, so dass der Wildbestand an-stieg. Auch die warme Witterung trug zu dieser Häufung bei. In nor-malen Jahren ist die Häufigkeit der Unfälle um 20 Prozent geringer.

VERKEHRTE SCHILDER

Häufig sieht man am Straßen-rand das Schild „Vorsicht Wildwechsel". Doch eine Un-tersuchung von ADAC und Bayerischem Jagdverband ergab nun, dass fast alle Warnschilder an der falschen Stelle stehen, nämlich vier von fünf.

doch Bulldozer die ganze Gegend planiert und grundlegend verändert haben? Auch sie besitzen innere Kompasse, unter anderem den Son-nenkompass.

„Vorsicht Wildwechsel!" Das be-deutet: Hier kreuzt sich eine Menschen- mit einer Tierstraße! Beide sind für ihre Benutzer gleich lebenswichtig. Ein Reh besitzt in seinem Revier feste Stammplätze zum Schla-fen, Wiederkäuen, Trin-ken und Äsen. Zwischen ihnen verlaufen feste We-ge. Oft steht ein Reh lan-ge Zeit am abendlichen Straßenrand und springt schließlich voller Ver-zweiflung mitten in die

Warum sterben Tiere auf den Straßen der Menschen?

Rehe benutzen feste Wege zwi-schen Schlaf- und Futterplatz. Müssen sie dabei die Straße überqueren, sind sowohl sie als auch die Autofahrer in Gefahr.

Wanderrouten der Meeresbewohner

Warum machen Wale Hochzeitsreisen?

Grauwale, 15 Meter lange und 33 Tonnen schwere Meeressäuger, gehen wie die Zugvögel alljährlich auf eine 5 000 Kilometer weite Reise vom Nördlichen Eismeer, wo im Herbst das Packeis die Krillweiden überdeckt, durch die Beringstraße an den Aleuten und der Pazifikküste Amerikas entlang bis zur mexikanischen Halbinsel Niederkalifornien.

Werden sie dabei von einer Gruppe von Schwertwalen angegriffen, bilden sofort alle männlichen Grauwale eine Abwehrfront, in deren Rücken sich die Weibchen in Sicherheit bringen können. Die Schwertwale brechen daraufhin meist ihren Angriff ab.

Die grauen Riesen unternehmen diese ebenso lange wie gefährliche Reise ihren Kindern zuliebe. Wenn diese Ende Januar in einer Flachwasserlagune bei San Ignacio zur Welt kommen, sind die „Babys" zwar schon 4,5 Meter lang und 1500 Kilogramm schwer, aber sie besitzen noch keine Speckschicht, die sie vor der Kälte des Nördlichen Eismeeres schützt. So können sie nur in den Tropen geboren werden. Hier müssen sie sich den Speck erst während zweier Monate durch die Muttermilch anfressen. Sie trinken jeden Tag 200 Liter Muttermilch, um alle 24 Stunden 40 Pfund zuzunehmen.

Das Großartige dabei ist, dass die Mutter, um eben dies dem Kind zu ermöglichen, etwa sechs Monate fasten muss! Denn in wärmeren Gewässern gibt es keine Krillkrebschen, die sie im Eismeer zentnerweise

schaufeln. Ähnliche Weltreisen von den Nahrungsgründen zu den Orten der Geburt und der Paarung kennen wir auch von den Blau-, Finn-, Buckel- und Pottwalen.

Aber nicht nur Wale, auch Fische machen riesige Wanderungen. Aus bisher noch unerfindlichen Gründen überqueren Thunfische in manchen Jahren in Massenzügen den Atlantik. Barrakudas, ebenfalls gefräßige Räuber, ziehen alljährlich von Alaska bis Kalifornien und wieder zurück.

Vor der Insel Sumatra werden von Zeit zu Zeit Millionenzüge von Seeschlangen beobachtet. Vier Stunden lang fuhr ein Schnellfrachter an einer halbmeterbreiten, nicht enden wollenden „Schlange der Schlangen" vorbei.

GELEITSCHUTZ

Obwohl auch die Grauwalbullen vor der mexikanischen Küste nichts zu fressen finden, müssen sie die weite Fastenreise auf sich nehmen. Die Weibchen sind nämlich nur kurz nachdem sie die Kinder geboren haben empfängnisbereit und paaren sich dann sogleich. So zwingt die Natur die Männchen, den Weibchen starken Geleitschutz gegen die Schwertwale zu geben.

Kalifornische Grauwale ziehen jedes Jahr etwa 16 000 km aus ihren Nahrungsgebieten im Nördlichen Eismeer bis nach Niederkalifornien.

Buckelwale (unten) wandern mehrere Tausend Kilometer von Alaska bis nach Hawaii, um dort ihre Jungen zur Welt zu bringen.

LEBENSAUFGABE

Kurz nach dem Besamen der Eier sterben Pazifische Lachse. Vermutlich haben sie für Eiablage und Besamung die allerletzten Reserven mobilisiert. Starke Veränderungen ihrer Gestalt auf der letzten Reise weisen darauf hin. Den Männchen wachsen Zähne und Haken am Kiefer, mit denen sie um die Paarungsgründe kämpfen. Manche Arten färben sich zudem leuchtend rot oder bekommen einen Buckel. Bei den Weibchen besteht zuletzt ein Drittel der Körpermasse nur aus Eiern.

Junge Lachse wandern aus ihren Laichflüssen in Europa und Kanada bis in den Atlantik auf Höhe Grönlands und der Faröer Inseln.

Was drängt Lachse zum Ort ihrer „Geburt" zurück?

Gewaltige Wanderzüge unternehmen auch die Lachse. In einem klaren Gebirgsbach schlüpfen sie aus den Eiern, wandern zum Beispiel aus den schweizerischen Hochalpen den Rhein abwärts und verschwinden in den Weiten des Atlantik.

Jahre später, wenn sie erwachsen sind, kehren sie zurück. Auf drei bis vier Tage genau fanden sie sich früher zu Millionen an der Flussmündung ein und schwammen in unübersehbaren Massen stromauf. Kein Hindernis hält sie auf. Sie überspringen meterbreite Sandbänke, Felsen und treibende Baumstämme, wälzen sich krümmend über Stromschnellen und schleudern sich meterhohe Wasserfälle hinauf.

Auf diesem mitunter 3 000 Kilometer langen Weg vermag jedes Tier unter den hundert Nebenflüssen und tausend einmündenden Bächen exakt sein einstiges Heimatgewässer wieder zu finden. Sein Wegweiser ist der charakteristische Duft des Wassers. Die Heimkehr zum Ort der „Ge-

Auf ihrer Wanderung zu den Laichgründen müssen Lachse Staustufen überwinden.

Braunbären nutzen den Wandertrieb der Lachse aus, um einige als Mahlzeit zu erwischen.

burt" ist eine Art Lebensversicherung für die Kinder: „Wo ich einst wohlbehalten zur Welt kam, wird es meinem Nachwuchs auch gut gehen!"

Sobald die Lachse die Laichplätze erreicht haben, fechten die Männchen Kämpfe gegeneinander aus. Nur die Sieger werden von den Weibchen in „Damenwahl" erkoren und dürfen die in einem Kiesbett abgelaichten Eier besamen. Danach verteidigen sie die Brut einige Zeit.

Umgekehrt wie die Lachse kommen die Aale im Atlantik zur Welt, wandern 5000 Kilometer weit in europäische Flüsse ein und kehren als Erwachsene ins Meer zurück, um dort zu laichen, und zwar an ihrem „Geburtsort". Dieser liegt in der Sargassosee. Nach dem Laichen sterben die Aale. Die frisch geschlüpften Jungen ziehen mit dem Golfstrom in nördlicher und später in nordöstlicher Richtung an die europäischen Küsten.

Wie finden Aale die Sargassosee?

Diese These hat nur einen Haken: Wenn unsere Aale Elbe, Weser und Rhein in Richtung Nordsee verlassen, wächst ihnen der After zu und der Darm bildet sich zurück. Sie

Aus blattähnlichen Aallarven entwickeln sich die durchsichtigen Glasaale (links). Diese verwandeln sich allmählich in die ausgewachsenen Fische (oben).

in südwestlicher Richtung von Europa zur Sargassosee fließt. Wahrscheinlich hilft sie den Aalen auf der Reise als „Rückenwind".

Aber nach welchem Wegweiser richten sich Aale in der ewigen Finsternis der Tiefsee? In der Biologischen Anstalt Helgoland befestigte man kleine Ultraschallsender an mehreren Aalen und verfolgte den Kurs der wieder freigelassenen Tiere: Alle Aale steuerten Kurs Nordwest aus der Nordsee heraus, um den Atlantik nördlich von Schottland zu erreichen – ganz gleich, ob Tag oder Nacht war, Sternenhimmel oder dichte Wolkendecke, Ebbe oder Flut, ob die Nase frei oder blockiert war. Wahrscheinlich zeigt ihnen ein innerer Magnetkompass den Weg – ähnlich wie vielen Zugvögeln.

Der Nordwestkurs führt die Aale jedoch nur aus der Nordsee heraus. Um in die Sargassosee zu gelangen, müssen die Fische auf Südwest umsteuern. In dem Seegebiet, in dem der Aal die seichte Nordsee verlässt, also wo der Kontinentalsockel bis in Meerestiefen um 1000 Meter abstürzt, knapp nördlich der Shetlandinseln, nimmt der Fisch direkten Kurs auf seine Urheimat.

Der europäische Flussaal wandert von seinem Ursprungsgewässer, der Sargassosee, in die Flüsse Europas. Er braucht dorthin etwa 3 Jahre.

müssten also 5000 Kilometer gegen die Strömung des Golfstromes, der sie einst hochgeschwemmt hat, ankämpfen, ohne etwas zu fressen. Aber trotz des vielen zuvor angemästeten Fettes besitzen sie nicht genug Energie, um das zu schaffen.

Inzwischen entdeckten Ozeanografen, dass unter dem Golfstrom in größerer Tiefe eine Gegenströmung

SARGASSOSEE

Die Meeresregion Sargassosee zwischen den westindischen Inseln und den Bermudas hat als „Bermuda-Dreieck" legendären Ruf erlangt. Ihr Name geht auf „Sargassum" zurück. Diese speziellen Braunalgen, auch als Beerentang bekannt, werden dort in solchen Massen gebildet, dass sie sogar die Schifffahrt behindern. Eigentlich ist dieses Seegebiet aber nahrungsarm, so dass kein Grund für die weite Reise der Aale ersichtlich ist.

Südamerika

Ascension

Warum Grüne Meeres-schildkröten die Insel Ascension ansteuern, ist nach wie vor rätselhaft, zumal ihre Artgenossen durch-aus erfolgreich an weit näher gelegenen Stränden brüten.

Wandern auch Kriechtiere?

Ausgerechnet ein Kriechtier, die Grüne Meeres-schildkröte, un-ternimmt einen der Aufsehen er-regendsten Wan-derzüge über-haupt. Ihre Geburtswiege liegt am Strand der winzigen „Himmelfahrts-insel" Ascension. Wie die Jungtiere von hier über 2 000 bis 3 000 Kilo-meter weit zu ihrem Lebensraum der Buchten längs der brasilianischen Küste finden, ist nicht weiter schwierig. Sie lassen sich einfach mit dem warmen Südäquatorialstrom dorthin treiben.

Umso rätselhafter ist jedoch die Rückkehr der fortpflanzungsfähigen Tiere zum Ort ihrer „Geburt". Es wurden zwar schon ein Sonnen-, Stern- und Magnetkompass bei den Grünen Meeresschildkröten ent-deckt, aber das Problem liegt wo-anders. Die Tiere können auf dem Herweg gar nicht zurückschwim-men, da die Meeresströmung in dem Gebiet fast so schnell ist, wie die Schildkröten paddeln können.

Vielleicht taucht die Schildkröte vor Brasilien 200 Meter und treibt dann mit dem Tief-seegegenstrom des Süd-äquatorialstromes auf As-cension zu. Aber diese Strömung ist viel zu kalt für das wechselwarme Tier. Auch kann es nur höchstens fünf Stunden lang tauchen. Dann muss es zum Luftho-len wieder auftauchen. Oder fallen die Schildkröten während der Reise in der kalten Tiefseeströmung in eine Art Winterschlaf, aus dem sie erst kurz vor Ascen-sion wieder erwachen? An diesen Fragen wird rege ge-forscht.

SCHWIMMEN ALLE GRÜNEN MEERESSCHILDKRÖTEN NACH ASCENSION?

Nicht alle Grünen Meeresschildkröten nehmen die weite Reise bis zur Insel Ascension auf sich. Viele machen nur kurze Wanderungen. In der Urzeit lag die Insel Ascension vor der südamerikanischen Küste. Im Lauf der Erdgeschichte driftete sie immer weiter ab. Daher meinte man, dass die Ascension-Schildkröten damals auch in der Nähe brüteten, im Lauf der Jahr-millionen aber immer weitere Reisen unternahmen, um weiterhin zu ihrer Heimatinsel zu gelangen. Doch nun wurde mit modernen Methoden das Erbgut der Schildkröten verglichen. Es zeigte sich, dass fernrei-sende Schildkröten sehr eng mit kurzwandernden verwandt sind. Damit ist eindeutig bewiesen, dass immer wieder einmal kurzwandernde Schildkröten zu fernreisenden werden und ihre Eier nicht mehr an nahe gelegenen Stränden ablegen, sondern auf Ascension.

Das Weibchen schaufelt für die Eier ein Nest, das sie nach der Eiablage mit Sand zudeckt.

Weltreisen der kleinsten Tiere

Warum sind Heuschreckenschwärme so gefürchtet?

Katastrophenalarm in der äthiopischen Stadt Massaua: Gegen Mittag ballen sich über dem Roten Meer gewaltige Wolkenberge: Heuschrecken! Die Sonne verdunkelt sich, und dann prasseln die fingerlangen Tiere hernieder wie Hagel. Eine knietiefe Schicht Insektenleiber sammelt sich auf den Straßen und Feldern. Palmen brechen unter ihrer Last mit peitschendem Knall, und Mütter müssen aufpassen, dass ihre Babys in den Betten nicht unter Heuschrecken ersticken.

Sechs Stunden lang fliegt ein Schwarm von zehn Milliarden Heuschrecken, von Arabien kommend, ins afrikanische Festland ein. Am anderen Morgen sind sie alle wieder verschwunden und mit ihnen jedes Blatt und jeder Halm und alles, was grün war. Armut und Hunger sind die Folgen, die Tausenden von Menschen und nicht weniger Tieren das Leben kosten. Sogar die Ratten und Mäuse sterben, weil sie nichts zu fressen finden.

Ein einziges Flugzeug ist in der Lage, mit Giftstaub bis zu 100 Millionen Heuschrecken zu vernichten. Das klingt gewaltig. Aber um den 10-Milliarden-Schwarm auszulöschen, hätte man hundert Flugzeuge benötigt. Bei rechtzeitiger Warnung kann man aber die Gefahr im Keim ersticken. Deswegen gehören die allerschlimmsten Verheerungen der Vergangenheit an, doch noch heute treibt diese Plage auch in Asien ihr Unwesen.

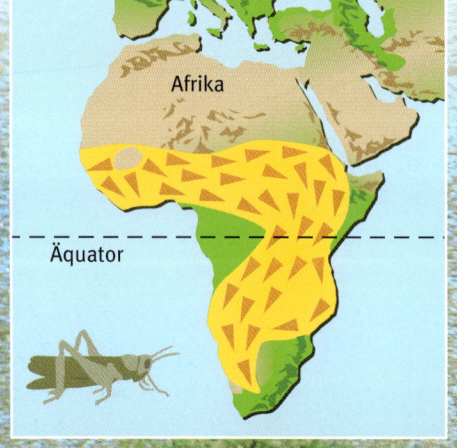

Die Karte zeigt die Ausbreitung eines Wanderheuschreckenschwarms in den Jahren 1928 bis 1934.

„GEISSEL GOTTES"

Seit Jahrtausenden versetzen Katastrophen, verursacht durch ein kleines, harmlos aussehendes Insekt, die Menschen in Angst und Schrecken. Die früheste Schilderung finden wir in der Bibel. Die Not war oft so groß, dass die Menschen an eine Prüfung durch Gott glaubten. So prägte sich für Heuschreckenplagen auch der Begriff „Geißel Gottes".

Der Himmel ist verdunkelt, wenn sich ein Heuschreckenschwarm zur Wanderung erhebt.

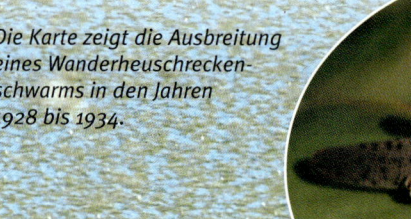

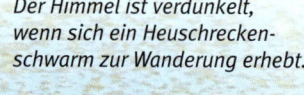

GREGÄRE FORM

Eine Besonderheit der Wüstenheuschrecke ist, dass ihre Jungtiere zu zwei Formen heranwachsen können, die sich in Farbe, Gestalt und Lebensweise stark unterscheiden. Normalerweise sind sie grün und leben eher als Einzelgänger (solitär). Die gregäre (gesellige) Form entsteht bei Übervölkerung. Diese Tiere sind dunkel gemustert und bilden Schwärme.

Gregäre Form (oben)
Solitäre Form (unten)

Wie entsteht ein Heuschreckenschwarm?

Das milliardenfache Leben eines Heuschreckenschwarms entsteht mitten in der Wüste. Zunächst springen die Wander- und Wüstenheuschrecken nur nachts als unscheinbare Einzeltiere in den Wadis, ausgetrockneten Flussbetten, umher. Eine „innere Wetterwarte" sagt ihnen, wo in der Wüste ein Punktregen fällt. Dorthin schwirren sie über 300 Kilometer weit von allen Seiten. Binnen weniger Stunden erlangen sämtliche Tiere die Geschlechtsreife. Auf wenigen Quadratmetern mit optimaler Bodenfeuchtigkeit legen an die 1000 Weibchen je 100 Eier. Der entstandene Kleinschwarm fliegt bis 1000 Kilometer weit zu einem neuen Punktregen in der Wüste und gräbt pro Quadratmeter 200 Gelege mit je 100 Eiern ein. Schon hat sich der Schwarm auf 5 Millionen Tiere vermehrt, beim nächsten Mal auf 250 Millionen, dann auf 12,5 Milliarden und schließlich auf über 100 Milliarden. Wie bei den Lemmingen sind die Wanderwege der Heuschrecken eine Folge des Gedränges, das durch Übervölkerung entsteht.

Können Ameisen fliegen?

Auch Ameisen, die einen festen Bau haben, zählen zu den wandernden Tierarten. Allerdings wandert nicht das ganze Volk, sondern nur die zukünftigen Königinnen. Speziell dafür wachsen ihnen Flügel, die sie nur zu diesem einen Entdeckungsflug nutzen, der oft zugleich ihr Paarungsflug ist. Zu einer bestimmten Zeit im

Die Königinnen der Schwarzen Wiesenameise werfen die Flügel nach dem Hochzeitsflug ab.

Jahr, wenn die Wetterbedingungen besonders günstig sind, beginnen sie auszufliegen. Meist ist das im Frühjahr der Fall. Eine erstaunliche Menge von geflügelten Geschlechtstieren quillt aus dem Bau und beginnt zu fliegen. Es sind so zahlreiche Tiere, weil viele Vögel und Säuger rasch diesen seltenen Moment erkannt haben und die ausschwärmenden Tiere abzufangen versuchen. Doch von der Masse der aufgestiegenen Ameisen können meist ausreichend Tiere überleben.

Da außer den Weibchen auch geflügelte Männchen gestartet sind, paaren sie sich gleich im Flug. Nach der Landung wirft die Königin die Flügel ab und sucht sich eine günstige Stelle zur Staatenbildung. Da die Gefahren für eine zunächst völlig allein stehende Königin sehr groß sind, hat sich bei vielen Ameisenarten die Eigenheit herausgebildet, dass die Königinnen nach dem Paarungsflug in ihren alten Bau zurückkehren. Die größer gewordene Kolonie weitet sich dann durch die Gründung von Filialen aus.

Ungeflügelte Rote Waldameise

Der Postillion wird wegen seiner Zugtätigkeit auch Wandergelbling genannt.

Eingewanderte Distelfalter überstehen den kalten Winter in Nordeuropa meist nicht.

FALTER ALS „ZUGVÖGEL"
In Jahren ungehemmter Massenvermehrung wandern Kohlweißlinge vom Baltikum über die Nordsee in dichten Wolken nach England. Der im tropischen Afrika lebende Totenkopf gelangt in manchen Jahren von Nordafrika über Deutschland bis nach Schweden und Finnland, manchmal auch noch deutlich weiter.

Der Totenkopf überquert mitunter sogar von Europa aus ein weites Ozeangebiet und erreicht Island.

Wandern auch Schmetterlinge über Kontinente und Ozeane?

Auch Schmetterlinge überqueren Erdteile. Einige unserer vertrautesten Arten wie der Distelfalter kommen alljährlich aus Afrika nach Deutschland geflogen. Die Tatsache, dass es auch Insekten den Zugvögeln gleichtun, wurde von dem englischen Schmetterlingsforscher Professor Carrington B. Williams entdeckt. Auf einer Reise 1952 in Südfrankreich war ihm lediglich aufgefallen, „dass da ungewöhnlich viele Distelfalter umherflatterten". Als er mit dem Auto nach Norden in Richtung Genf fuhr, wurde das „braune Schneegestöber" immer dichter. Im engen Rhonetal, 45 Kilometer südwestlich der Stadt, trichterten die Berge der Alpen die Schmetterlinge immer enger zusammen. Als die Insekten den Genfer See erreicht hatten, zogen sie immer noch in einer drei bis fünf Meter schmalen, kilometerlangen Prozession nach Norden. Mit einem Mal wurde offenbar, was zuvor an den einzeln flatternden Faltern gar nicht so ins Auge gefallen war: Die Schmetterlinge waren mitten in einer Tausende von Kilometern langen Wanderung begriffen!

Nachforschungen ergaben, dass die Distelfalter Tage zuvor in breiter, weit aufgelockerter Front – von Nordafrika, wo sie sich fortpflanzen, kommend – das Mittelmeer überflogen hatten. Den Sommer verbringen sie überall in Europa.

Insgesamt zählen über 200 Schmetterlinge zu den wandernden Zug- oder Wanderfaltern. Es sind vorwiegend Tagfalter. Beispiele sind der Kleine Fuchs, das Tagpfauenauge, der Admiral, Zitronen- und Heufalter, der Trauermantel, der Taubenschwanz, die Ypsiloneule und der Oleanderschwärmer.

Kohlweißlinge haben sich bis nach Israel ausgebreitet. Dort ist die Temperatur fast zu hoch für diese Schmetterlinge, so dass sie sich nur im Winter vermehren.

Welcher Schmetterling fliegt am weitesten?

Eine großartige Leistung vollbringt der nordamerikanische Monarchfalter. Er überwintert in Kalifornien, Mexiko, Louisiana und Florida. Hier sitzen oft Tausende in einem winterschlafähnlichen Halbruhezustand an immer denselben „Schmetterlingsbäumen". Mit Beginn des Frühlings ziehen aber einzelne Tiere aus den Schwärmen in nördlicher Richtung ab. Forscher haben sie mit Stempelabdrücken markiert und festgestellt, dass die reisetüchtigsten Tiere Kanada und einige von ihnen sogar die Hudson Bay erreichen. In Jahren ungeheurer Massenvermehrung gehen die Monarchfalter aber in riesigen Schwärmen auf die weite Reise.

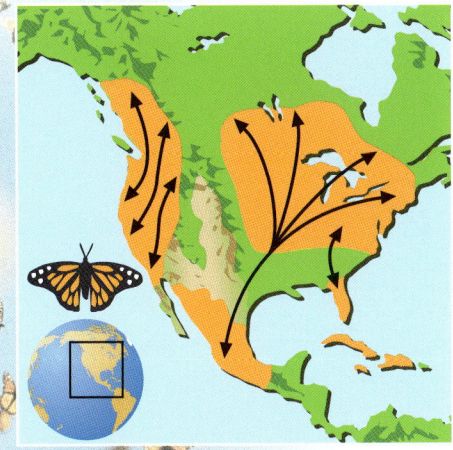

Monarchfalter legen bis zu 4000 km zurück.

Ab September kehren die Schmetterlinge wieder in den Süden zurück. Es sind zwar nicht dieselben Tiere, die im Frühjahr nach Norden gezogen waren, sondern sie gehören neuen Generationen an, aber trotzdem kennen sie die Richtung, in der die Heimat ihrer Eltern liegt. Unter den Tieren jedoch, die im Herbst von der Hudson Bay nach Florida fliegen, gibt es – das ist bewiesen – nicht wenige, die nach der Überwinterung im nächsten Frühjahr auf gleichem Wege wieder in den hohen Norden zurückkehren.

Monarchfalter an einem „Schmetterlingsbaum"

INSEKTENPÄSSE

Manche Gebirgspässe sind berühmt für ihren gedrängten Insektenzug. Über den Pyrenäenpass von Pouey Aspè wandern in den Herbstmonaten nicht nur Tag- und Nachtfalter in riesigen Schwärmen, sondern auch Libellen, Marienkäfer, Borkenkäfer, Schweb- und Fruchtfliegen, Feuerwanzen und Moskitos in nicht minder imponierenden Massen.

DIE GRÖSSTE WANDERUNG

Die größte Wanderung der Welt wird von den kleinsten Lebewesen ausgeführt. Es ist das Plankton, das täglich im Meer auf und ab wandert. Es handelt sich dabei um Kleinstlebewesen, also Krebstierchen, Einzeller und Algen, die meist kaum zwei Millimeter groß sind. Trotzdem ist ihre Biomasse – das Gesamtgewicht dieser Organismen – so gigantisch, dass sie jede andere Tierwanderung übertrifft. Sobald es dunkel wird, wandert das Plankton aus der Tiefe an die Oberfläche. Dabei handelt es sich meist um den tierischen Anteil des Planktons, das Zooplankton. Es strebt zum pflanzlichen Plankton, dem Phytoplankton, um sich davon zu ernähren. Wird es wieder hell, so weicht das Zooplankton zum Schutz vor Plankton fressenden Fischen in die Tiefe zurück. Auf diese Weise bewältigen die winzigen Organismen tagtäglich eine Strecke von bis zu tausend Metern, was für sie eine enorme Distanz darstellt.

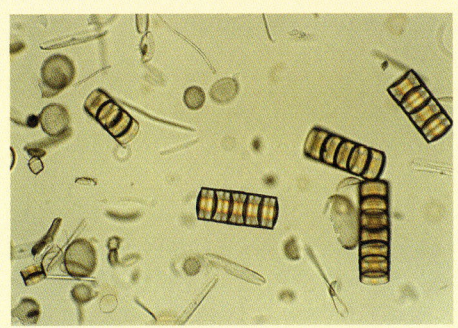

Kieselalgen zählen zum Phytoplankton.

DEN TIEREN AUF DER SPUR

Wie verfolgen Forscher die Wege wandernder Tiere?

Bis in die jüngste Zeit wusste man oft nicht, wohin manche Tierarten verschwunden waren, wenn sie auf ihre große Wanderung gingen. Die Überwinterungsgebiete des Monarchfalters zum Beispiel wurden erst 1976 entdeckt. Nicht wenige Arten haben Wanderwege, die noch immer unbekannt sind. Um ihnen nachzuspüren, haben Wissenschaftler verschiedene Methoden entwickelt.

Mit Hilfe von Radar wurden viele Erkenntnisse über den Vogelzug gewonnen. Es können sogar die Arten am Flugmuster erkannt werden: 1 Misteldrossel, 2 Buchfink, 3 Bachstelze

BERINGUNG

Bei der Erforschung des Vogelzugs kann nach wie vor nichts die Beringung ersetzen. In aller Welt werden Vögeln Aluminiumringe um den Fuß gelegt, deren Gewicht oft nur 0,04 Gramm beträgt. Sie haben einen speziellen Zeichencode, der bei einem Wiederfund eindeutig wieder zu erkennen ist. So wurden schon die unglaublichsten Zugleistungen mit absoluter Sicherheit nachgewiesen. Besonders für den Artenschutz ist die Kenntnis der Reisewege unerlässlich.

RADAR

Radar ist bei der Vogelzugsforschung eine große Hilfe. Es zeigt sogar, um welche Vogelart es sich handelt. Während der Auf-Ab-Bewegung der Flügel schwankt die Stärke des vom Vogel zurückgeworfenen Radarechos im gleichen Rhythmus. Da jede Art in typischer Geschwindigkeit mit den Flügeln schlägt, kann sie anhand dieses Musters erkannt werden.

MARKIERUNG

Bei Land- und Seetieren ist fast nie eine Beringung möglich. Ihnen wird das Fell speziell gefärbt oder sie bekommen Ohrmarken. Manchmal genügt es auch, charakteristische Körpermerkmale zu fotografieren, so die Schwanzflosse von Walen oder den Kehlfleck von Riesenottern. In seltenen Fällen werden einem Tier unschädliche radioaktive Substanzen verabreicht. Auf diese Weise kann man zum Beispiel Maulwürfe, die auch zuweilen wandern, mit einem Messgerät für Radioaktivität verfolgen.

Die Chance, einen beringten Vogel in größerer Entfernung vom Beringungsort oder nach längerer Zeit wieder zu finden, kann bei großen Vogelarten bei eins zu drei liegen. Bei kleineren Arten müssen oft über 100 Vögel für einen einzigen Wiederfund beringt werden.

Eine am Flügel markierte Libelle

Messdatenübertragung aus der Ferne nennt man auch Telemetrie. Es gibt winzige Sender, die mit Batterie weniger wiegen als ein Gramm. Ein Tier wird damit versehen und kann dann mit Hilfe von Funkempfängern angepeilt werden. Selbst größere Sender, die von Satelliten geortet werden, wiegen mittlerweile nur noch 20 g. Sender werden meist bei Nestlingen angebracht.

Telemetrie-Minisender

Oft übermitteln Sender noch weitere Daten, die von Miniaturmessgeräten aufgenommen werden, zum Beispiel die Tauchtiefe von Robben. Neuerdings können allerkleinste Kameras und Geruchssensoren sogar Bilder und Duftanalysen während der Reise liefern.

Die Störche tragen den Sender in einem Minirucksack auf dem Rücken.

Die Karte zeigt die Zugrouten von Weißstörchen, die mit Hilfe der Satellitentelemetrie ermittelt wurden.

WIE WERDEN DIE WEGE DER EISBÄREN VERFOLGT?

Am 18. Juni 1978 befand sich die Eisbärin „Tina" bei Point Barrow an der Eismeerküste Nordalaskas. Von hier legte sie, im Zickzack über Pack- und Treibeis laufend und schwimmend, eine Strecke von 3 400 Kilometern zurück. Am 12. Dezember ging sie 800 Kilometer westlich von Alaska auf der Wrangelinsel vor der Nordküste Sibiriens an Land, grub sich eine Höhle im Schnee und brachte dort zwei Junge zur Welt. Seit Mai kreuzte sie mit diesen wieder vor der Nordküste Alaskas.

Dieses genaue Wissen verdanken wir einem Funksender. Am 18. Juni hatten Forscher Tina mit einem Narkosegeschoss betäubt und ihr einen Lederriemen mit einem Sender um den Hals gebunden. Alle zwei Stunden sendete er Signale über einen Nimbus-Wettersatelliten in 2 540 Kilometern Höhe an eine Bodenstation, die auf diese Weise den Wanderweg der Bärin verfolgen konnte. Insgesamt bekamen Hunderte von Eisbären solche Sender. Von ihnen wissen wir, dass diese Tiere nicht „blind" in der Endlosigkeit der arktischen Eiswüste umherirren. Sie bewegen sich meist als Einzelgänger innerhalb von fünf Regionen, in denen sie jagen, und wissen immer, wo sie sind. Oft wird ein Bär von einem Polarfuchs als Beuteschmarotzer und vier bis sechs Elfenbeinmöwen begleitet. Letztere sind „Aufklärer", die über einer auf dem Eis liegenden ahnungslosen Robbe schreiend kreisen und den Eisbären zu seiner Beute lotsen.

2003 erkannten Polarforscher durch neue Satellitenbeobachtungen, dass viele Eisbären ein enormes Laufpensum zusätzlich leisten, fast ohne sich von der Stelle zu bewegen. Sie leben in der Treibeiszone und müssen die südliche Driftbewegung der Eisschollen ausgleichen, indem sie ständig nordwärts wandern.

Ein Forscher legt dem betäubten Eisbären ein Halsband mit einem Funksender um.

Wegweiser zu fernen Zielen

Schnepfenvögel, die im Frühjahr nordwärts wandern, werden in Marokko durch die nach Nordosten schwenkende Küstenlinie

Nach welchen Landmarken richten sich Vögel?

so lange von ihrem Nordkurs abgedrängt, bis der Felsen von Gibraltar in Sicht kommt. Dann setzen sie zum europäischen Kontinent über.

So können Meeresküsten für die Vögel zu so genannten Leitlinien werden. Dieselbe Aufgabe erfüllen auch Gebirgszüge, Urwaldsäume, Flüsse und Urstromtäler sowie Karawanenstraßen in der Sahara.

Wie in Afrika der Nil, so dienen in Deutschland Elbe, Weser und Rhein diesem Zweck. Das ist der Grund, weshalb die Lüneburger Heide, eigentlich ein idealer Aufenthaltsort für Tiere, von kaum einem Zugvogel

überflogen wird. Diese ziehen östlich und westlich davon an den Flüssen entlang.

Graugänse und Kraniche benutzen wie die Störche reguläre Traditionswege. Auf deren Strecke kennen sie nicht nur jeden Rast- und Futterplatz auswendig. Sie nutzen auch einzeln stehende Berge, Kirchtürme und Binnenseen als Landmarken.

Als Tagzieher und Segelflieger, die sich ständig Aufwindgebiete

Lernen Vögel ihre Reisewege auswendig?

suchen müssen, lernen Störche die Landmarken ihres langen Reiseweges von Deutschland bis Südafrika auswendig. Sie haben ein phänomenales Ortsgedächtnis. Aber wie überall, wo Gedächtnisleistungen mit hineinspielen, so sind auch hier Irrtümer möglich. Und irren ist dann meist tödlich:

In Ägypten wurde einmal ein Schwarm von 120 Jungstörchen, von Südafrika kommend, auf dem Flug nach Europa beobachtet. Bei den Tempeln von Luxor verließ er den Nil, steuerte mit Kurs Nordost über die Wüste und überflog bei Hurghada die Küste des Roten Meeres.

Auffällige Landschaftsstrukturen wie Flüsse, Berge und Wüsten werden von Vögeln als Orientierungspunkte genutzt.

ARTGENOSSEN ALS WEGWEISER

Störche haben zwar einen Instinkt für den ungefähren Zugweg östlich oder westlich um das Mittelmeer. Sie richten sich aber auch nach ihren Artgenossen. Als Forscher einmal ostziehende Störche in die Region der westziehenden Störche versetzten, zogen sie ostwärts. Ließ man sie aber gleichzeitig mit den startenden Westziehern frei, so schlossen sie sich diesen an.

Nachdem die Vögel den Golf von Suez überquert hatten, kreisen sie an der Südspitze der Halbinsel Sinai vier Stunden lang. Sie konnten nach Nordosten der Küste des Golfs von Aqaba folgen oder nach Nordwesten am Ostufer des Golfs von Sinai entlangfliegen. Sie taten das Letztere. Und das war ihr tödlicher Fehler. Als der Schwarm bis zu den Erdölfeldern von Abu Rudeis gelangt war, bemerkten die Vögel den Irrtum und versuchten eine Kurskorrektur. Ihr Orientierungsinstinkt drängte sie nach Nordost quer durch den Glutofen der Wüste Sinai. Nach hundert Kilometern kam ein Sandsturm auf. Wochen später fand eine Karawane die Gerippe der 120 Störche im Sand.

Sogar Insekten kennen eine Orientierung nach Landmarken. Den Eingang zum Nest finden sie nach der Lage von Büschen und auffälligen Steinen. Bienen verlegen eine viel beflogene „Luftstraße" zu einem Blütenfeld so, dass sie an Wegen, Zäunen oder Bächen entlang zum Ziel führt. Fehlen solche „Landmarken", navigieren sie nach der Horizontkontur. Ein Beispiel: Der Eingang zu einem Erdhummelnest auf einer ebenen Wiese liegt dort, wo die Richtung zur höchsten Erhebung in der Horizontkontur, einem Kirchturm, einen Winkel von 48 Grad bildet zur Richtung der zweithöchsten Erhebung, einem einzelnen Baum.

Die zum Nest zurückkehrende Hummel kreuzt über der Wiese so lange umher, bis sie einen 48-Grad-Winkel erreicht hat. Dort findet sie ihr Nest. Mit Hilfe ihrer beiden Facettenaugen, die aus 5000 Einzelaugen bestehen, die alle in eine etwas andere Richtung schauen, ist ihr solch eine Winkelmessung ohne weiteres möglich.

48°
Hummelnest

Hummeln orientieren sich an der Horizontkontur, um ihr Nest zu finden.

FEINES GEHÖR

Viele Vögel können tiefere Töne hören als der Mensch. Dieser Infraschall nimmt bei Meeren, Gebirgen, Wäldern und anderen Landschaftsformen bestimmte Qualitäten an. Dadurch besteht für Vögel die Möglichkeit, sich vor allem nachts, wenn die Orientierungspunkte im Dunkeln liegen, über das Gehör zu orientieren. Selbst das Quaken der Frösche an Seen kommt als Wegweiser in Frage.

Woran orientieren sich Insekten?

GERUCHSORIENTIERUNG

Seit drei Jahrzehnten wogt eine hitzige Diskussion darüber, ob Zugvögel auch „der Nase nach" fliegen können, ob sie also Gerüche zur Orientierung nutzen. Früher meinte man, der Geruchssinn würde bei Vögeln kaum eine Rolle spielen, da sie auf jeden Fall auf ihren hoch entwickelten Sehsinn angewiesen sind und die betreffenden Hirnregionen eher unterentwickelt erscheinen. Tatsächlich ist ihre Riechfähigkeit mit der von Hunden in keiner Weise vergleichbar. Viele Heimfindeleistungen sind aber nach wie vor unerklärlich. Daher erregte es großes Aufsehen, als in den 1970er Jahren Experimente mit Brieftauben angestellt wurden, die sich offenbar mit Hilfe des Geruchssinnes über große Entfernungen korrekt orientieren konnten. In der folgenden Zeit wurde angeregt geforscht, doch leider sind die Ergebnisse nach wie vor nicht abgesichert. Auch sehen Meteorologen für eine Geruchspeilung über Hunderte von Kilometern nicht den Hauch einer Chance.

Die Kompass-Orientierung

Können Tiere nach der Sonne steuern?

Dass Tiere nur Landmarken als Wegweiser benutzen, kann unmöglich die ganze Wahrheit sein. Viele erst wenige Monate alte Jungvögel, die im Herbst einzeln ziehen, haben im Gegensatz zu Graugänsen und Kranichen, die in Schwärmen ziehen, niemanden, der ihnen den Weg zum unbekannten Winterquartier zeigen könnte, nicht einmal ihre eigenen Eltern. Beim Flug in der Nacht oder über das Meer ist ohnehin von Landmarken kaum etwas zu sehen.

Trotzdem finden sie ihr Winterquartier im fernen Afrika exakt. Und wenn sie im Frühjahr zurückkehren, dann nicht etwa nur so ungefähr nach Mitteleuropa, sondern genau an den Ort ihrer Geburt: Hamburg, Elbchaussee 137, hinterer Garten, zweiter Apfelbaum links. Wie bringen sie das fertig?

Mit Hochleistungs-Radargeräten kann man sogar kleine Vögel bei ihrem gesamten Flug übers Mittelmeer verfolgen. Es stellte sich heraus, dass sie einen schnurgeraden Kurs steuerten. Die einen, etwa die Schwalben, ziehen genau nach Süden; andere wie die Mönchsgrasmücken reisen nach Südosten in Richtung Nil; wieder andere wie die Stare streben nach Südwesten.

Damit bestätigte sich in großartiger Weise etwas, das der inzwischen verstorbene Wissenschaftler Dr. Gustav Kramer schon 1948 im Labor entdeckt hatte: Vögel halten während des Zuges nach einem „inneren Sonnenkompass" stets geraden Kurs.

Doch wie kann der Vogel einen geraden Kurs halten, wenn die Sonne, die er als Peilmarke benutzt, im Laufe des Tages von Osten nach Westen über den Himmel wandert? Würde er beim Flug nach Süden morgens um 6 Uhr die im Osten aufgehende Sonne genau links querab im Auge anvisieren und diesen Blickpunkt beibehalten, müsste er einen großen Halbkreis beschreiben und abends wieder nach Norden fliegen, wo er hergekommen ist. Wie die Radaraufzeichnungen zeigen, fliegt er trotzdem schnurstracks geradeaus. Das kleine Tier kann also die Wanderung der Sonne über den Himmel im Laufe des Tages berücksichtigen. Es berechnet wie ein Nautiker auf hoher See aus dem Sonnenstand und der genauen Zeit seinen Kurs.

Stare ziehen auch nachts.

SONNENUNTERGANGSPUNKT

Selbst Nachtzieher richten sich oft nach der Sonne. Sie ziehen meist schon in der Dämmerung los. Dabei erkennen sie den höchst bedeutsamen Sonnenuntergangspunkt. Im Moment ihres Versinkens hat die Sonne ein breites Band polarisierten Lichtes. Damit steigern Vögel die Genauigkeit ihrer Orientierung wesentlich. Vermutlich nutzen sie es zur Eichung ihrer anderen Kompasse.

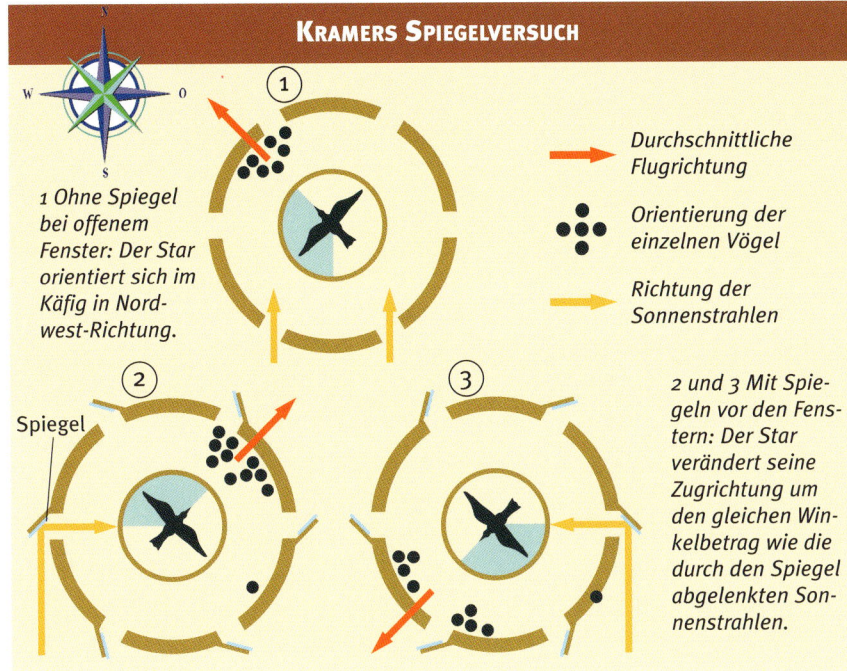

1 Ohne Spiegel bei offenem Fenster: Der Star orientiert sich im Käfig in Nordwest-Richtung.

Spiegel

→ Durchschnittliche Flugrichtung

Orientierung der einzelnen Vögel

→ Richtung der Sonnenstrahlen

2 und 3 Mit Spiegeln vor den Fenstern: Der Star verändert seine Zugrichtung um den gleichen Winkelbetrag wie die durch den Spiegel abgelenkten Sonnenstrahlen.

Tiere, die sich an der Sonne orientieren, müssen den Weg der Sonne berücksichtigen.

Wie wurde der Sonnenkompass entdeckt?

Der Verhaltensforscher Dr. Gustav Kramer bemerkte an Staren, die er im Käfig hielt, dass sie während der Zugzeit rastlos umherflatterten. Die Zugunruhe drängte sie zum Aufbruch. Dabei war das Merkwürdige, dass alle Vögel nur in ein und dieselbe Richtung zum Käfigrand strebten. Diese Entdeckung war die Grundlage für alle weiteren Laborexperimente über die Fernorientierung der Zugvögel.

Dr. Gustav Kramer baute einen Rundkäfig im Freien, legte sich darunter und beobachtete, in welche Richtung der Vogel schwirrte. Im Frühling war es stets der Nordwesten. Sobald der Forscher aber die Sonne abdeckte und über einen Spiegel von falscher Seite in den Käfig scheinen ließ, flatterte der Star dorthin, wo nach dem scheinbaren Stand der eingespiegelten Sonne Nordwesten hätte sein müssen, tatsächlich aber Norden, Osten oder Süden lag. Damit war bewiesen, dass die Sonne den Vögeln den Weg zu ihrem fernen Reiseziel weist. Sie arbeiten mit einem „Sonnenkompass". Inzwischen haben Forscher die Existenz des Sonnenkompasses bei zahlreichen weiteren Tierarten nachgewiesen: bei Ameisen, Bienen, Wespen, Libellen, Käfern, Wasserläufern, Strandflöhen, Tausendfüßlern, Spinnen, Krebsen und vielen anderen Gliedertieren; bei Lachsen, Barschen, Buntbarschen, Fröschen, Kröten, Molchen, Schildkröten und vielen anderen Fischen, Lurchen und Kriechtieren; bei nahezu jedem daraufhin untersuchten Vogel einschließlich Haushuhn, Ente und Pinguin; und sogar schon bei drei Säugetieren: bei Brand- und Wühlmäusen sowie bei Streifenhörnchen.

Auch Libellen haben die Möglichkeit sich mit Hilfe ihrer Facettenaugen nach der Sonne zu orientieren.

Wie funktioniert der Sonnenkompass?

Das Prinzip, nach dem das Tier diese erstaunliche Aufgabe bewältigt, können wir am „vereinfachten Modell" von niederen Tieren leicht erkennen: Zum Beispiel steht ein Wasserfloh unter dem Zwang, immer direkt auf eine helle Lichtquelle zuzuschwimmen, sofern er nicht abgelenkt wird – etwa durch eine Aquarienwand, ein

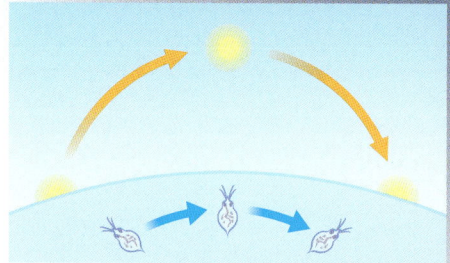

Ein Wasserfloh folgt dem Licht der Sonne. Seine Bewegung beschreibt daher einen Halbkreis.

Hindernis, lockendes Futter oder Feinde. Stets muss er das Licht mit seinen Facettenaugen so anvisieren, dass es genau von vorn einfällt. So bewegt er sich im Laufe des Tages auf einem Halbkreis.

Den ersten Fortschritt haben bereits die 2,5 Zentimeter kleinen Glaskrebse der Ordnung Mysidium vorzuweisen. Sie können zwischen zwei Peilwinkeln zur Sonne wählen: direkt auf die Sonne zu und so, dass die Sonne genau im rechten Winkel seitlich vom Tier steht.

Die nächste Entwicklungsstufe stellt der Mistkäfer dar. Er kann schon drei verschiedene Winkel zur Sonne einhalten, sofern ihn nicht Düfte zu einem Misthaufen leiten: 0 und 90 Grad wie der Glaskrebs und noch eine Zwischenstufe von 45 Grad.

Allerdings steht dem Käfer die Wahl nicht frei. Je nach der Tageszeit wird er von seiner „inneren Uhr" zu einem vorgeschriebenen Winkel gezwungen: Um 6 Uhr = 0 Grad, um 9 Uhr = 45 Grad mit der Sonne schräg von vorn im rechten Auge; um 12 Uhr vergrößert sich dieser Winkel sprungartig auf 90 Grad; um 15 und um 18 Uhr ändert sich der Peilwinkel abermals. Das Ergebnis ist ein Zickzack-Kurs. Warum das so ist, wissen wir noch nicht.

Nun braucht man sich nur noch vorzustellen, dass die geschilderte Methode noch weiter verfeinert wird. Im Laufe der Entwicklungsgeschichte machten andere Insekten immer öfter am Tag immer kleinere Kurssprünge. Schließlich gab es Insekten, die ihren Kurs alle zehn Minuten um nur 2,5 Grad veränderten, also um einen Winkel, welcher der Verkantung zweier benachbarter Einzelaugen im Facettenauge entspricht. Damit ist gleichzeitig die Anpassung an die Wanderungsgeschwindigkeit der Sonne vollzogen und praktisch ein schnurgerader, nicht vom Sonnenlauf verbogener Kurs garantiert.

MONDKOMPASS

Der Mond kann für den Sternkompass eine leitende Rolle spielen. Wir sprechen dann vom Mondkompass. Stern- und Mondkompass wurden inzwischen auch bei vielen anderen Tieren nachgewiesen, etwa bei Fischen, Salamandern, Kröten und Fröschen, ja sogar bei Insekten.

SONNENKOMPASS DER BIENEN

Eine Biene, die auf dem Weg zu ihrem Nest ist, kann einen geraden Kurs fliegen, weil sie eine „innere Uhr", also einen physiologischen Zeitsinn, besitzt. Der „Stundenzeiger" dreht sich in 24 Stunden einmal herum, also nur halb so schnell wie bei unserer künstlichen Zwölf-Stunden-Uhr. Dabei fällt das direkte Sonnenlicht nur in ein einziges ihrer 1000 Einzelaugen.

Zunächst braucht die Biene nur so weiterzufliegen, dass die Sonne in diesem Einzelauge bleibt. Nach zehn Minuten ist die Sonne um 2,5 Grad gewandert, der „Zeiger der inneren Uhr" der Biene aber auch. Also visiert das Tier die Sonne jetzt mit dem Nachbarauge an. Dieser Wechsel wiederholt sich alle zehn Minuten. So bleibt der gerade Kurs erhalten.

Die Langzeitaufnahme zeigt die Bewegung der Sterne als Strichspuren.

POLARSTERN

Der Polarstern wurde so benannt, weil er fast genau am Nordpol des Himmels steht, so dass sich das Himmelsgewölbe um ihn zu drehen scheint. Auch für Vögel ist dies eine wichtige Markierung der Drehachse. Schaltet man im Planetarium alle Sterne im Bereich des Polarsterns weg, vermögen Vögel sich nicht zu orientieren.

Können auch Sterne als Wegweiser dienen?

Zoologen in aller Welt kamen aus dem Staunen nicht heraus, als der deutsche Zoologe Dr. Franz Sauer im Herbst 1956 über seine Entdeckung berichtete: Er brachte eine junge Klappergrasmücke, die noch nie den natürlichen Nachthimmel gesehen hatte, in einem Rundkäfig in den völlig abgedunkelten Kuppelsaal des Olbers-Planetariums in Bremen. Plötzlich schaltete er die Sterne ein. Der Vogel erschrak zunächst, fasste sich wieder und schwirrte dann in Richtung Südosten wie alle seine Artgenossen in freier Natur.

Hatte die Klappergrasmücke am Stand der künstlichen, ihm bisher unbekannten Sternbilder instinktiv den Reisekurs erkannt, so wie am Tage ziehende Vögel vom Stand der Sonne ablesen? Um das zu prüfen, verdrehte der Forscher den Planetariumshimmel, so dass der Polarstern nicht mehr nach Norden, sondern nach Süden zeigte. Der kleine Vogel zögerte nicht, seinen Kurs sogleich um 180 Grad auf Nordwest zu ändern. Er hatte sich tatsächlich nach dem Stand der Sterne orientiert!

Und noch ein Beweis: Wenn Franz Sauer die künstlichen Sterne nicht wie die natürlichen Sterne im Laufe der Nacht über den Himmel wandern, sondern starr stehen ließ, änderte nunmehr der Vogel seine Flugrichtung so, als müsse er bei seiner Kursbestimmung dem Lauf der Gestirne Rechnung tragen. Die Methode, sich so zu orientieren, bezeichnen wir als Sternkompass.

Wie lesen Tiere den Sternenhimmel?

Dass Tieren ein Wissen um das Aussehen der Sternbilder angeboren sein soll, klingt zu fantastisch, um glaubhaft zu sein. Im Gegensatz zur Sonne sind die Sternbilder zu kompliziert für das auslösende Schema eines Instinkts.

In Versuchen zeigten die Forscher jungen Vögeln, die noch nie in ihrem Leben einen Sternenhimmel gesehen hatten, im Planetarium eine völlig unnatürliche Konfiguration einiger Fantasie-Sternbilder. Immer dann, wenn sie mindestens sechzehn Lichtpunkte in beliebiger Anordnung an die Kuppel projizierten und wenn diese Lichtpunkte wie richtige Sterne im Laufe der Stunden ihre Bahn über den Himmel zogen, schwirrten die Vögel exakt in ihre Reiserichtung.

Das bedeutet Folgendes: Dem Vogel ist nicht das instinktive Wissen um das Aussehen der Sternbilder angeboren, aber etwas anderes, viel einfacheres: Beobachtet er nur wenige Minuten lang die Wanderung

Nachtaktive Falter wie das weibliche Nachtpfauenauge orientieren sich an Himmelskörpern.

fend: Jeder Stern leuchtet zwar in einer etwas anderen Farbe, aber die meisten und die hellsten Himmelskörper strahlen im violetten Bereich besonders stark und können von den Nachtfaltern besonders deutlich wahrgenommen werden.

Dr. Cleve folgert: „Nachtschmetterlinge sehen am Himmelszelt mehr Sterne funkeln als der Mensch. Himmelskörper, die uns hell erscheinen, leuchten für diese Insekten dunkel, während andere Sterne, die unserem Auge nur schwach oder überhaupt nicht scheinen, den Nachtfaltern als strahlende Riesen erscheinen. Wären diese Schmetterlinge Astronauten, würden sie am Firmament ganz andere Sternbilder erkennen als wir."

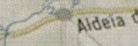

KOMPASS

Das Wort Kompass geht auf das italienische „compassare" zurück, was so viel wie „ringsum abschreiten" bedeutet und seinen Stamm im lateinischen „Passus" = Schritt hat.

Die frühesten Kompasse wurden vermutlich schon um 1100 in China gebraucht. In seiner heutigen Form tauchte der Magnetkompass erstmals im 13. Jahrhundert bei italienischen Seefahrern auf.

von mindestens sechzehn Sternen über das Himmelszelt, kann er hieraus die Nord-Süd-Achse bestimmen, um die die Sterne im Laufe der Nacht rotieren. Und hiernach bestimmt er wiederum instinktiv seinen Zugkurs nach Süden, Südwesten oder Südosten im Herbst oder umgekehrt im Frühjahr.

Wie so oft in der Geschichte der Naturwissenschaft, so führte auch hier der Zufall zu einer Entdeckung. Der Berliner Insektenforscher Dr. Karl Cleve wollte eigentlich nur erproben, mit welchem Lampentyp er die meisten Nachtfalter anlocken konnte, um bei Zählungen den Stromverbrauch so gering wie möglich zu halten.

Benutzen auch Schmetterlinge den Sternkompass?

Dabei zeigte sich, dass nachts ziehende Schmetterlinge violettes Licht am besten sehen können, und zwar viel besser als der Mensch, der dafür im blauen, grünen und gelben Bereich empfindlichere Augen hat.

Das muss seinen Grund haben, denn nichts in der Natur ist sinnlos. So kam der Forscher auf die Idee, die Farbspektren der Sterne zu untersuchen. Das Ergebnis war verblüf-

WARUM SCHWIRREN MOTTEN INS LICHT?

Der Sinn der großartigen Fähigkeit zur Sternbeobachtung ist bei den Nachtfaltern der gleiche wie bei den Vögeln: das Steuern eines geraden Kurses nach „himmlischen Leuchtfeuern" während weiter Wanderungen. Nehmen wir einmal an, ein Nachtfalter behält ein besonders helles Licht halblinks von sich im Auge. Ist dieses Licht ein ferner Stern, hält die Motte auf ziemlich geradem Kurs, und alles geht gut. Aber wehe, der Schmetterling wählt statt eines Sternes eine Straßenlaterne! Was geschieht dann? Sein Sternkompass zwingt ihn, so zu fliegen, dass er die Laterne immer halb links vorn sieht. Doch der „Laternenstern" kommt schnell näher. Damit er ihn nicht links hinten aus dem Auge verliert, muss er nach links schwenken. Dadurch kommt er der Lampe immer näher, muss immer schärfer nach links abbiegen und beschreibt auf diese Weise eine Spirale, die ihn genau ins Licht hineintrudeln lässt.

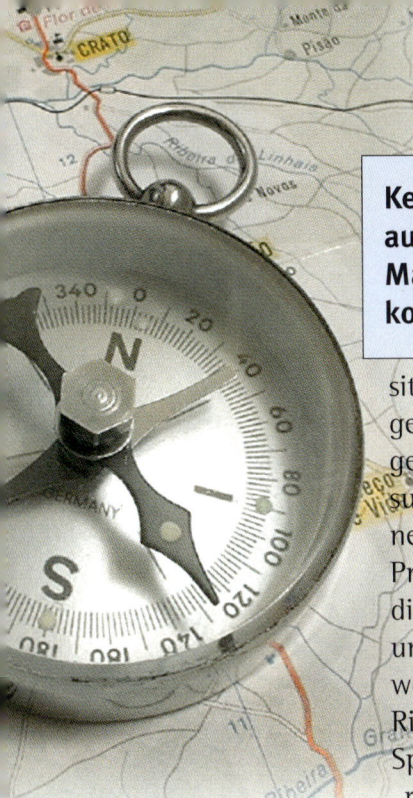

MAGNETSINNESORGAN

Ein Magnetsinnesorgan ähnlich wie Auge oder Ohr wird wohl nie gefunden werden. Jahrzehntelang suchten Forscher der verschiedensten Disziplinen mit teuersten Gerätschaften danach, doch sie fanden nur Puzzleteile. Beispielsweise ist das Auge für den Magnetsinn unentbehrlich, genauer gesagt das rechte Auge, wie erst 2002 entdeckt wurde. Haben Rotkehlchen eine Kappe nur auf dem rechten Auge, so können sie sich nicht mehr magnetisch orientieren. Weiterhin dürften magnetische Teilchen aus dem Schnabel mit zu diesem Sinneskomplex gehören.

Der Magnetkompass wurde an Rotkehlchen entdeckt.

Kennen Tiere auch einen Magnetkompass?

Auch der Magnetkompass der Tiere wurde in Deutschland entdeckt. Im Keller des Zoologischen Instituts der Universität Frankfurt wurden Rotkehlchen gehalten, mit denen die Forscher eigentlich gar keine Orientierungsversuche machen wollten. Aber an einem Herbstabend 1956 bemerkte Professor Wolfgang Wiltschko, wie die Vögel unruhig in ihren Käfigen umherflatterten, und zwar so, als wollten sie alle in südwestlicher Richtung starten, also mit Kurs auf Spanien, ihrem üblichen Ziel. Die „richtungsorientierte Zugunruhe" regte sich.

Wie konnten die Vögel im fensterlosen Keller ohne Blick auf die Sonne oder die Sterne ihre Reiserichtung erkennen? Die Situation ähnelte derjenigen der frei fliegenden Zugvögel, denen eine dichte Wolkendecke die Sicht auf die Sonne oder das Sternenzelt verdeckt und die dennoch unbeirrt ihrem fernen Ziel entgegenstreben.

So lange der Forscher auch grübelte, es blieb nur eine Vermutung: Könnte es das Erdmagnetfeld sein, das den Rotkehlchen den Weg weist? Wie ließ sich das beweisen? Professor Wiltschko führte eine Reihe von Versuchen durch. Im ersten Experiment brachte der Forscher die Vögel in eine Stahlkammer, deren Innenraum weitgehend vom Erdmagnetfeld abgeschirmt war. Mit einem Mal schwirrten die Tiere völlig verwirrt in alle Richtungen.

Im zweiten Versuch setzte der Forscher die Rotkehlchen in der Stahlkammer zwischen zwei mannshohe Magnetspulen, die ein künstliches Erdmagnetfeld erzeugten und

sich beliebig verdrehen ließen. Standen sie zum Beispiel so, dass ihr künstlicher Nordpol nach Osten zeigte, flatterten die kleinen Vögel nicht mehr in Richtung Spanien, sondern England. Damit war bewiesen, dass Rotkehlchen bei ihrer Richtungsorientierung während der Zugunruhe das Magnetfeld der Erde benutzen.

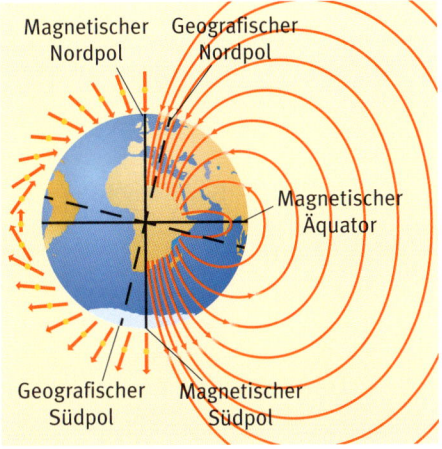

Das Magnetfeld der Erde: Am Äquator verlaufen die erdmagnetischen Feldlinien parallel zur Erdoberfläche. An den Polen stehen sie senkrecht. Dazwischen sind sie umso steiler, je näher die Pole liegen.

Wie funktioniert der Magnetkompass?

Genauere Untersuchungen zeigten, dass die „Magnetkompassnadel" der Rotkehlchen nicht nur nach der Seite ausschlägt, sondern auch nach unten. Sie zeigt vor allem die Steilheit an, mit der die erdmagnetischen Feldlinien in die Erdoberfläche eindringen.

Man nennt den Neigungswinkel „Inklinationswinkel" und spricht von einem „Inklinationskompass".

Am magnetischen Nord- und Südpol zeigt er genau senkrecht in die Erde, am magnetischen Äquator liegt er exakt parallel zur Erdoberfläche. Die Seite, nach der sich die „Magnetnadel" senkt, weist polwärts. Je steiler sie steht, desto dichter ist der Vogel am Pol.

Auch das klingt noch ziemlich kompliziert. Deshalb billigten Vogelkundler dem Magnetkompass zunächst auch nur die Bedeutung eines Hilfsmittels in höchster Not

zu, dann nämlich, wenn der Sonnen- oder Sternkompass der Vögel bei bedecktem Himmel versagt, die Reise aber trotzdem weitergehen muss.

Inzwischen konnte Professor Wiltschko aber beweisen, dass die Dinge ganz anders liegen. Der Zugvogel findet die Richtung seines Reiszieles unabhängig voneinander mit den verschiedenen Kompassen. Der wichtigste und einfachste ist dabei ausgerechnet der Magnetkompass, der einem Menschen so mysteriös erscheint, weil ihm der Sinn dafür fehlt.

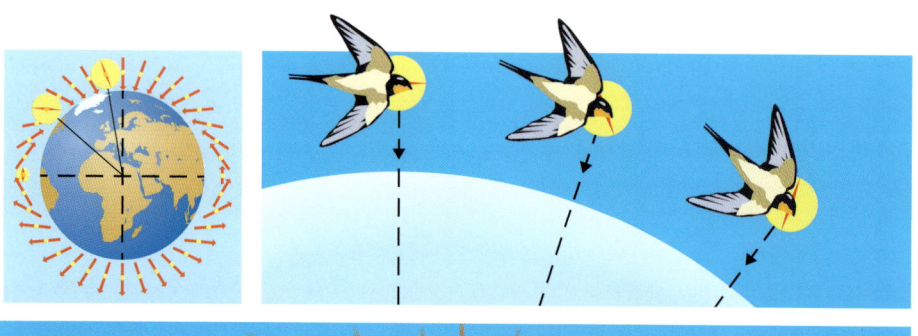

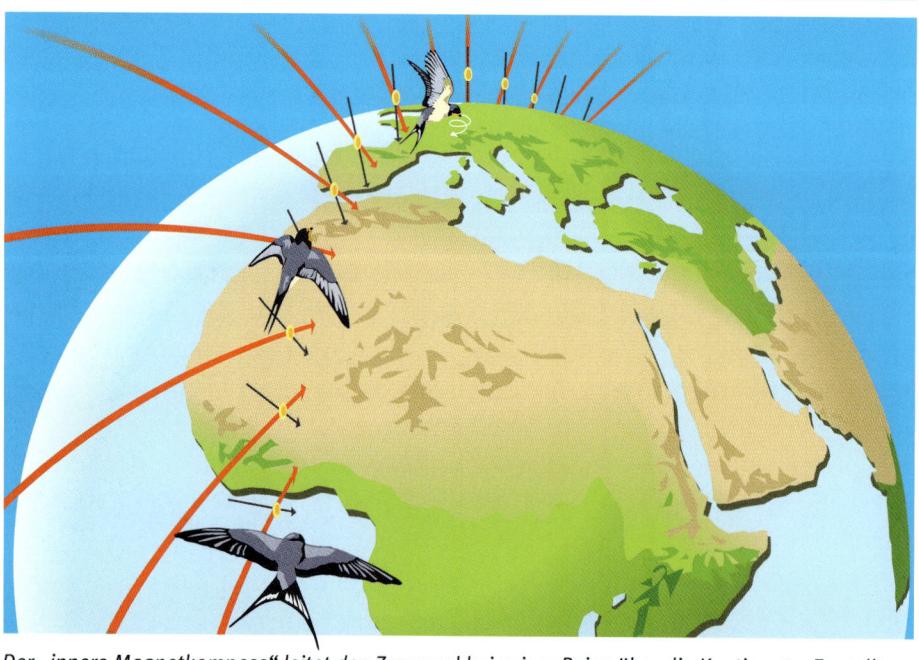

Der „innere Magnetkompass" leitet den Zugvogel bei seiner Reise über die Kontinente. Er stellt die Richtung des magnetischen Nordpols fest. Ein innerer Instinkt sagt dem Vogel, in welchem Winkel links und rechts von dieser Richtung er seinen Flugkurs halten muss. Der Zugvogel kann mit dem Magnetkompass auch die Steilheit messen, mit der die erdmagnetischen Feldlinien in die Erdoberfläche dringen. Der Vogel hat sich eingeprägt, bei welcher Steilheit der erdmagnetischen Feldlinien er seine Brutheimat erreicht hat.

Vorstoß ins Unbekannte

Hobby-Brieftaubenzüchter sind bei der Navigationsforschung äußerst hilfreich.

REKORDHEIMKEHR

Eine Brieftaube soll von ihrem neuen Besitzer in den USA zu ihrem vorherigen Besitzer nach Europa zurückgekehrt sein, wobei sie auf einem Schiff notlandete, das zufällig dorthin fuhr. Den absoluten Rekord halten jedoch Schwarzschnabelsturmtaucher, die allerdings als Seevögel keine Probleme mit Zwischenstopps auf See haben. Sie wurden von England nach Amerika versetzt und fanden innerhalb von zwölf Tagen über 4000 Kilometer Entfernung heim.

Tauben sind keine ausgeprägten Zugvögel. Durch Zucht erlangten sie jedoch ein legendäres Orientierungsvermögen.

Wie finden Brieftauben zu ihrem Schlag zurück?

Für die Existenz der Brieftaube werden die Orientierungsforscher immer dankbar sein. Obwohl sie kein Zugvogel ist, wurde sie durch eine Art Volkssport zu sagenhaften und verlässlichen Heimkehrleistungen herangezüchtet. Immer wieder kann man genau beobachten, wie sie von einem völlig unbekannten Ort ohne langes Zögern heim findet. Voll verstanden hat man diese Leistung aber bis heute nicht.

Eine sehr gute Brieftaube, die man von Hamburg nach Basel verfrachtet, kann zehn Stunden nach ihrem Start wieder in ihrem Heimatort an der Elbe sein. Ihr Höchsttempo: 94 km/h. Aber nicht alle Tauben sind so schnell. Forschungen haben gezeigt: Nicht diejenigen Brieftauben machen das Rennen, die sich am besten orientieren können, sondern jene, deren „Heimweh" am größten ist und die sich nach einer kleinen Abweichung vom Ziel nicht von der Rückkehr abhalten lassen. Auch Gewitter lähmen die Reiselust und das Orientierungsvermögen. Dabei können auf einen Schlag 150 000 Brieftauben verloren gehen. Viele Tiere fliegen auch gern in Gesellschaft zu fünf bis zwölf Artgenossen. Dann braucht nur eines zu navigieren, die anderen folgen dem Anführer blind. Zum „Reiseleiter" erwählen sie übrigens nicht den besten Navigator, sondern den Stärksten – selbst dann, wenn dieser ein ganz miserabler Lotse ist.

Wintergebiet

Brutgebiet

Auslassungs-punkt

neues Wintergebiet

Navigieren Vögel in der Fremde?

Jedes Jahr im Herbst ziehen große Schwärme von Staren, aus Südfinnland, Südschweden, dem Baltikum und Dänemark kommend, durch Holland, um in Nordfrankreich, Südengland und Südirland zu überwintern. Mit einem Teil dieser Reisenden startete der Holländer Dr. A. C. Perdeck einen imponierenden Großversuch, dessen offene Fragen noch heute das Denken der Orientierungsforscher bestimmen.

In der Umgebung von Den Haag fing er nicht weniger als 11000 Durchzügler, beringte sie und verfrachtete sie in Lastwagen 600 Kilometer weit nach Südsüdosten in die Schweiz. Zwischen Genf, Zürich und Basel ließ er die Stare wieder frei. Wie mochten sie nun weiterfliegen?

In der gewohnten Himmelsrichtung nach Südwesten? Oder waren die Vögel in der Lage, den unfreiwilligen Transport zu bemerken und Gegenmaßnahmen zu ergreifen? Zahlreiche Wiederfunde von markierten Staren gaben eine überraschende Antwort: Alle Jungvögel, die erst während der vergangenen Monate im Ostseeraum aus dem Ei geschlüpft waren, die große Reise noch nie zuvor in ihrem Leben gemacht hatten und das Ziel noch nicht kannten, flogen nach Südwesten, also parallel zum Kurs ihrer den holländischen Fangnetzen entgangenen Artgenossen. Ihnen ist die Information über die Südwest-Richtung, die sie während des Herbstzuges einhalten müssen, angeboren. Freilich gelangten sie nunmehr in Gebiete, die Ostseestaren bislang fremd waren: nach Spanien und Portugal.

Ganz anders verhielten sich jedoch die älteren Stare, die in den Vorjahren schon Reiseerfahrung gesammelt hatten. Die meisten von ihnen flogen nach Nordwesten und erreichten auf diesem für sie ganz und gar ungewöhnlichen Kurs ihre angestammten Winterquartiere in Nordfrankreich und Südengland.

„Wir haben es hier also mit zwei verschiedenen Orientierungsweisen zu tun", so kommentiert der Vogelzugforscher Professor Klaus Schmidt-Koenig

N

S

Wundersamerweise ist die Fähigkeit der echten Navigation nicht auf Zugvögel beschränkt. Heute geht man davon aus, dass praktisch alle Vögel diese Gabe besitzen. Zumindest verliefen Tausende von Versetzungsversuchen an über 50 Arten erfolgreich.

diese Ergebnisse. „Der Jungstar bringt für seinen ersten Herbstzug lediglich eine Information über die Richtung mit, in der er wegziehen muss, sowie die Fähigkeit, diese Richtung mittels eines Orientierungsmechanismus einzuhalten. Wir nennen diese Fähigkeit Richtungs- oder Kompassorientierung. Der Altvogel besitzt dagegen die Fähigkeit zur Navigation".

Was verstehen wir unter astronomischer Navigation?

Navigation ist die Kunst, den gegenwärtigen Aufenthaltsort auch in der Fremde zu bestimmen und den Kurs einzuschlagen, der von dort zu einem erwünschten Ziel führt. Navigation muss ein Tier betreiben, wenn es das Ziel selbst nicht sehen, hören, rie-

chen oder auf andere direkte Weise wahrnehmen kann, und wenn die einfache Kompassorientierung nicht ausreicht.

Letzteres kann zum Beispiel schon dann der Fall sein, wenn ein Vogel vom Heimatort oder während des Zuges von widrigen Stürmen abgetrieben und in unbekannte Regionen verschlagen wird – so ähnlich wie von „widrigen Forschern" beim berühmten Perdeck-Versuch. Oder wie es immer wieder mit Brieftauben praktiziert wird.

Zur Navigation muss das Tier, zum Beispiel ein erfahrener Star oder eine Brieftaube, dreierlei kennen: den gegenwärtigen Standort, die Position des Zieles und die geografische Lage beider Punkte zueinander. Wie bestimmt ein Vogel aber seine Position in der Fremde? Er bräuchte zwei Angaben nach Art von Längen- und Breitengrad, oder auch x- und y-Koordinate. Das Magnetfeld der Erde könnte das x liefern. Das y könnte durch Auswirkungen der Erdrotation bestimmt werden, wie man hoffte. Doch heute ist so gut wie sicher, dass Vögel diese Rotationsauswirkungen nicht registrieren können. Es gibt noch eine Vielzahl weiterer Theorien, doch keine kann bislang überzeugen. So heißt es weiter: „Aktenzeichen x/y ungelöst". Forscher aus aller Herren Länder stellen noch immer eine Unzahl von Versuchen an, um das Geheimnis zu lüften.

VOGELZUG IM KLIMAWANDEL

Die Winter der letzten Jahrzehnte wurden im Durchschnitt immer milder. Wie wirkt sich ein Klimawandel auf den Vogelzug aus? Professor Peter Berthold von der Vogelwarte Radolfzell hat hierzu im Rahmen eines internationalen Großprojektes erstaunliche Ergebnisse erzielt. Sind die angeborenen Mechanismen der Zugvögel nicht in der Lage sich rasch genug an neue Klimabedingungen anzupassen? Im Mittelpunkt der Forschung steht die Mönchsgrasmücke. Sie überwinterte bislang ausschließlich im Mittelmeerraum. Erst seit den letzten 30 Jahren erscheinen immer mehr Überwinterer in Großbritannien. Berthold wies nach, dass sich das genetische Zugprogramm in unglaublich kurzer Zeit ändern kann.

Mönchsgrasmücke

Die britischen Überwinterer sind keine Irrläufer, sondern sie tragen ein echtes, genetisch fixiertes Zugprogramm in sich. Außerdem kreuzte Berthold deutsche Mönchsgrasmücken mit Mönchsgrasmücken von den Kapverden, die überhaupt kein Zugverhalten mehr aufweisen. Schon die erste Folgegeneration dieser sesshaft gewordenen Vögel besaß wieder ein exaktes, voll funktionsfähiges Zugverhalten. Der Wandel des Vogelzugs der letzten Jahrzehnte bestätigt eine erstaunlich rasche Anpassungsfähigkeit. Die milderen Winter führten dazu, dass die Zugwege kürzer wurden, der Wegzug später anfängt und der Heimzug früher einsetzt, und dass bei Teilziehern mehr und mehr Vögel in der Heimat bleiben.

Index

WAS IST WAS BAND 78 — **Geld**

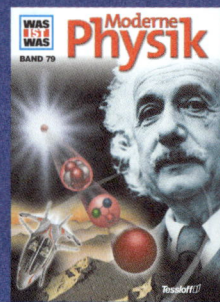
WAS IST WAS BAND 79 — Moderne **Physik**

WAS IST WAS BAND 80 — **Tiere** wie sie sehen, hören und fühlen

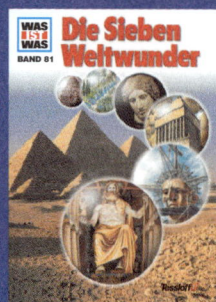
WAS IST WAS BAND 81 — **Die Sieben Weltwunder**

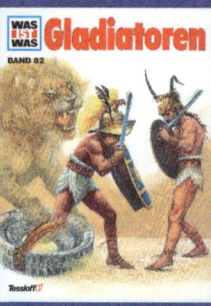
WAS IST WAS BAND 82 — **Gladiatoren**

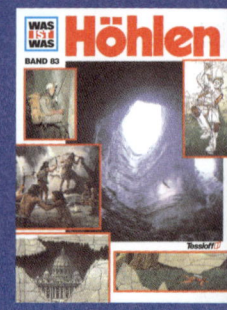
WAS IST WAS BAND 83 — **Höhlen**

WAS IST WAS BAND 90 — Der **Regenwald**

WAS IST WAS BAND 91 — **Brücken**

WAS IST WAS BAND 92 — **Papageien** und Sittiche

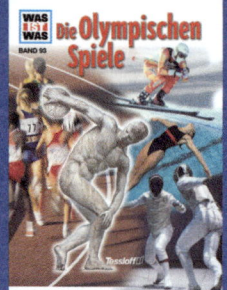
WAS IST WAS BAND 93 — **Die Olympischen Spiele**

WAS IST WAS BAND 94 — **SAMURAI** Ritter des Fernen Ostens

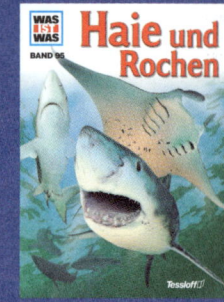
WAS IST WAS BAND 95 — **Haie** und **Rochen**

WAS IST WAS BAND 102 — Unser **Kosmos** An den Grenzen von Raum und Zeit

WAS IST WAS BAND 103 — **Demokratie**

WAS IST WAS BAND 104 — **Wölfe**

WAS IST WAS BAND 105 — **Weltreligionen**

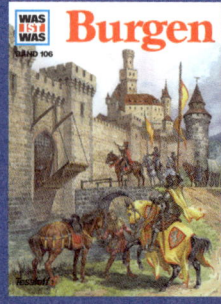
WAS IST WAS BAND 106 — **Burgen**

WAS IST WAS BAND 107 — **Pinguine**

WAS IST WAS BAND 114 — **Feuerwehr**

WAS IST WAS BAND 115 — **Bären**

WAS IST WAS BAND 116 — **MUSIK INSTRUMENTE**

WAS IST WAS BAND 117 — **Bauernhof**

Die Reihe wird fortgesetzt.